LE VRAY TARIF,

PAR LEQUEL

ON PEUT AVEC UNE
grande facilité faire toutes sortes
de Comptes :

*POUR SERVIR A TOUS
Marchands qui negocient en Or &
en Argent, au poids de Marc de huit
onces, & en Draps d'Or, d'Argent
& de soye :*

Comme aussi en toutes sortes de Marchan-
difes à l'Aune, ou à divers poids, tant
au quintal qu'à la livre.

Par CLAUDE NAULOT *Marchand à Lyon.*

A LYON,
Aux dépens de l'Auteur , & fe vend chez
luy à la place des Terreaux à l'enfeigne
du Sauvage.

M. DC. LXXXIII
AVEC PRIVILEGE DU ROY.

19726

A V I S.

L'Ordre de ce livre , pour la commodité du Relieur , commance par les estoiles.

La suite par *A*, *B*, *C*, *D*, *E*, *F*, *G*, *H*, *I*.

Ensuite ă, ĕ, ĭ, ŏ, ŭ.

Et à la fin est ăă, ĕĕ, ĭĭ, ŏŏ.

AVERTISSEMENT,

J'ay crû qu'en cette forte de matiere , on ne pouvoit pas s'expliquer affés clairement,& que l'ame d'un livre comme celuicy, est d'inftruire le lecteur, afin qu'il n'aye qu'à jetter les yeux deffus,pour comprendre fans peine la maniere de s'en fervir. J'ay taché de rendre cet Ouvrage parfait par l'inftruction toute nouvelle que j'en ay faite avec toute la briéveté & l'éclairciffemét qu i m'a été poffible. Tout mon deffein dans cet Ouvrage,n'a été que de travailler pour l'utilité de ceux qui font dans le negoce , qui trouveront dans ce Livre une grande facilité à faire toutes fortes de cóptes;tant pour les entiers que pour les rompus,ou fractiós de la Marchandife,ou d'autres chofes,foit à l'aune, à la cane,à la braffe,à la palme,à la verge,à la toife, & autres mefures à divers poids;tant au quintal qu'à la livre, au cent & au millier,felon la diverfité des Pays où l'on trafique.

Vous y trouverés la reduction du poids de Lyon à celui du poids de marc de quinze onces.

A combien revient la livre & l'once de la foye teinte, fuivant le prix de l'achet étant cruë.

Les changes à tant pour cent avec les efcontes:

La reduction des aunages , poids & mefures, tant de France qu'étrangeres.

* 2.

INSTRVCTION DE CE LIVRE.

Vous obſerverez que tous les feüillets ſont marqués du nombre de la *Marchandiſe*, ou autre choſe. Le premier commance par 2. 3. 4. ſuivant cét ordre juſques à 1000.

Les feüillets qui ſuivent, ſont les fractions ou rompus des aunages & autres meſures ; le premier commance par 1. 24.ᵐᵉ 1. 12.ᵐᵉ ſuivant cét ordre juſques à 5 6.ᵐᵉ 7. 8.ᵐⁱ.&c.

Vous verrés enſuite les fractions du poids de 16. onces.

Et celui du poids de 1 3. onces pour la ſoye avec la reduction du poids de ville pour ladite ſoye.

A chaque feüiller il y a trois colomnes.

La premiere commence par 1. 2. 3. 4. ſuivant cét ordre juſques à 30.

La ſeconde par 31. 32. 33. juſques à 400. ces nombres ſont pour les prix de la choſe, & au bout de châque ligne le conte ſe trouve tout fait pour la valeur de la *Marchandiſe* à livres ſeules.

La troiſiéme colomne commence par 1.ſ. 2.ſ. 3.ſ. juſques à 19.ſ. puis par 1.d. 2.d. ſuivant auſſi cét ordre juſques à 11. d. qui ſont pour les prix de la *Marchãdiſe* à ſols & à deniers, & au bout de châque ligne le conte ſe trouve fait ſuivant le prix convenu de la *Marchandiſ.* ou autre choſe à livres, ſols, & deniers, comme vous remarquerez par les exemples ſuivants.

PREMIER EXEMPLE
à 3. livres la choſe.

Combien valent 16. Pour en trouver le conte fait, voyez le feüillet marqué 16 *Marchandiſe* ou autre choſe ; à la premiere colomne des livres, vous y trouverez au bout de la ligne où eſt 3. la valeur qui eſt 78. livres.

Combien valent 26. Pour en trouver le conte
fait, voyez le feüillet 26. à la troifiéme colonne
des fols, vous y trouverez au bout de la ligne où
eft 5.f la valeur qui eft 6.livres 10.f.

à 6. deniers la chofe.

Combien valent 26 Pour le fçavoir, voyez le
méme feüillet 26.à la colonne des deniers, vous
y trouverez au bout de la ligne où eft 6.d. la valeur qui eft 13.f

à 3.l. 5.f 6.d la chofe.

Combien valent les mémes 26 Pour le fçavoir
faites comme cy devant pour les .. livres feules,
pour les fols, & pour les deniers, puis ajoutez
ces trois parties enfemble, vous trouverez en tout
85.l. 3.f. comme cy bas

EXEMPLE.

26. à 3. livres valent ———— 78.l.i — f. ——
    à 5 fols valent ———— — 6.l 10. f. ——
    à 6. deniers valent ———— 0.l 13 .f. ——

                              85.l. 3.f.

à 35. Livres la chofe.

Combien valent 54. Pour le fçavoir voyez le
feüillet 54. March ndif, ou autre chofe, à la deuxiéme colonne des livres, vous y trouverez au
bout de la ligne où eft 35 la valeur qui eft 1890.l.

Et fi c'eftoit à 35.f. la chofe.

Pour fçavoir combien valent 54. voyez le feüillet 54. comme deffus, & au bout de la ligne où eft
35. vous y trouverez la valeur qui eft 1890.f. qui
font 94.l. 10 f.

à 48 f. le bichet ou autre mefure.

Combien valent 14. bichets. Pour le fçavoir
voyez le feüillet 14. vous y trouverez au bout de
la ligne où eft 48. la valeur qui eft 672.f qui font
33.l. 12.f.   * 3

Autrement voyez le feüillet 48.& à la colomne des fols:vous y trouverez au bout de la ligne où font 14.f. la valeur qui est 33.l..2.f.

a 10.deniers la chofe.

Combien valent 34. Pour le fçavoir voyez le feüillet 34 à la troifiéme colomne des deniers,vous y trouverez au bout de la ligne où est 10.d. la valeur qui est 1 l 8.f. 4 d.

Mais fi au lieu de 34. il y avoit 434. ayant déja fait pour 34. vous ferez pour 400. au feüillet qui est marqué 400. & au bout de la ligne où est 10.d. vous y trouverez la valeur qui est 16 l.1 .f.4. d.& y ajoutant la valeur de 34. qui est 1.l.8 f. 4.d. vous trouverez en tout 18 l.1.f.8.d.

à 5.l. 14.f. l'efcu d'or.

Combien valent 75. Voyez le feüillet 75.vous y trouverez au bout de la ligne où est 5.la valeur qui est 375.l. Et pour les 14.f. voyez au même feüillet à la troifiéme colomne des fols où est 14.f. vous y trouverez au bout de la ligne la valeur qui est 52.l.10.f. ajoûtez ces deux parties, vous trouverez en tout 427.l.10.f.

POVR LES FRACTIONS.

à 5 l. La chofe.

Combien vaut 1. vingt-quatriéme; Pour le fçavoir voyez le feüillet qui est marqué 1. vingt-quatriéme, & au bout de la ligne où est 5. vous y trouverez la valeur qui est 4.f.1.d.

à 6.l. La chofe.

Combien valent 15. aunes 3. quarts, voyez le feüillet 15. Marchandif ,& au bout de la ligne où est 6 vous y trouverez 90. livres.

Et pour les 3. quarts voyez le feüillet 3. quarts des fractions,& au bout de la ligne où est 6.l. vous y trouverez 4.l. 10 f. ajoûtez ces deux parties enfemble,vous trouverez en tout 94 l.10.f.

à 12.ſ. La choſe.

Combien valent 3. quarts ? voyez le feüillet 3. quarts des fractions , & à la colonne des ſols au bout de la ligne où ſont 12.ſ. vous y trouverez la valeur qui eſt 9. ſols.

à 3 : .livres 10 ſ. La choſe.

Combien valent 2. tiers. Pour le ſçavoir voyez le feüillet 2. tiers, des fractions, vous y trouverez à la deuxiéme colomne où eſt 3 2. la valeur qui eſt 22.l. 6.ſ.8.d.

Et pour les 10.ſ. au méme feüillet , voyez à la colomne des ſols , vous y trouverez au bout de la ligne où eſt 10.ſ la valeur qui eſt 6.ſ. 8.d. ajoûtez ces deux parties en ſemble, vous trouverez en tout 2 2.l. 13 ſ.4 d.

à 5. Livres la douzaine.

Combien la piece. Pour le ſçavoir voyés le feüillet marqué 1. 12.me & au bout de la ligne où eſt 5.l. vous y trouverés la valeur qui eſt 8.ſ.4.d. que reviendra la piece.

à 33.l 10.ſ. la douzaine.

Combien la piece, voyez le méme feüillet 1. 12.me au bout de la ligne où eſt 33.l. vous y trouverez 2.l. 15.ſ.

Et pour les 10.ſ. au méme feüillet , voyez à la colomne des ſols vous y trouverez au bout de la ligne 10.ſ la valeur qui eſt 10.d. ajoûtez ces deux parties enſemble, vous trouverez en tout 2.l. 15.ſ. 10.d. que reviendra la piece.

à 11. Livres la livre du poids de 16. onces.

Combien reviendra l'once. Pour le ſçavoir voyez le feüillet 1. once du poids de 16. onces, vous y trouverez au bout de la ligne où eſt 11. la valeur qui eſt 13.ſ. 9.d. que reviendra l'once.

à 15.ſ. la livre du méme poids.

Combien reviendra l'once. Pour le ſçavoir voyez

le même feüillet 1. once, à la colomne des fols, &
au bout de la ligne où est 1 s. s. vous y trouverez la
valeur qui est 1 d. que reviendra l'once.

à 11 l. 5. s. *l'once du même poids.*

Combien reviendra l'once. Pour le sçavoir, faites
comme cy dessus pour les 11. livres. Et pour les
1 5. s. puis ajoûtez ces deux parties ensemble, vous
trouverez en tout 14. s. 8 d que reviendra l'once.

Pour reduire quel nombre que ce soit en douzaines.

En 966. combien de fois 12. Pour le sçavoir
voyez le feüillet 12. dans lequel vous y chercherez le nombre le plus prés de 966 qui est 9 60. au
devant duquel il y a 80. que vous tiendrez pour
8 0. douzaines & demi parce qu'il en reste 6. de 966.

Pour la reduction d'un poids à un autre.

En 49 livres 10. onces du poids de 16 onces
combien d'onces? Pour le sçavoir, voyez en premier
lieu le feüillet 16. qui est le nombre des onces à la
livre, & au bout de la ligne où est 49. vous y trouverez 784 onces & les 10. onces que vous y appor-
terez font en tout 794. onces.

Pour reduire les 79 . onces cy-dessus au poids
de 15 onces.

En 794. onces du poids de 16. onces combien
de livres du poids de 15. onces ? Pour le sçavoir
voyez le feüiller 15. Marchandise, dans lequel vous
y chercherez au dedans des colomnes le nombre
le plus prés de 794. qui est 780 au devant duquel
il y a 52 qui font autant de livres du poids de 15.
onces & 14. onces qu'il y a de reste vous direz
donc que 49. livres 10 onces du poids de 16. onces,
font 52. livres 14 onces du poids de 15. onces.

Ainsi toutes sortes de reductions ou partages se
peuvent faire le même comme, par exemple,

9. Personnes ont à se partager 470 l. 5. s. Pour
sçavoir ce qu'il vient à châcun, voyez le feüiller

9. dans lequel vous y chercherez au dedans des colomnes ladite somme de 470.l. 5 s. ne la trouvant pas au juste, mais seulement 468 l. au devant il y a 52.l. qui viennent déja à chacun : il manque encore 2.l. 5.s. à partager, que vous chercherez dans la colomne des sols, les ayant trouvé au juste, vous voyez au devant 5.s. qui viennent encore à chacun, & le tout sera 52.l.5.s. que chacun aura pour sa part.

à 15.l. Le cent.

Combien revient la livre ? Pour le sçavoir voyez le feüillet 100. & à la colomne des sols, cherchez y au dedans la valeur du 100. qui est 15.l. l'ayant trouvé au juste au devant de 15. vous y verrés 3.s. qui sont à combien revient la livre.

Pour les Marchandises qui se vendent à tant le cent.

A 30.s. le cent combien valent 1607. Pour le sçavoir voyez le feüillet 30. à la premiere colomne où est 16. vous y trouverez 480. avancez y 2. zero, apres, seront 48000.s. lequel nombre de sols proviennent comme si vous aviez fait pour 1600.

Et pour les 7. de reste voyez à la même colomne au bout de la ligne où est 7. vous y trouverez 210. que vous ajoûterez avec 48000.s. & seront en tout 48210 s. desquels vous en couperez les 2. dernieres figures, vous aurez au devant 482 s les 10.s. de reste étant reduits en 120 deniers, coupez en pour la derniere fois les 2. dernieres figures, le 1. qui est au devant sont 1. denier & ainsi vous trouverez que 1607. de quelle Marchandise que ce soit à 30.s. le cent monteront 24.l. 2.s.1.d.

La methode cy dessus peut servir aux contes es marchandises qui se vendent au millier, mais u lieu qu'à celle de cent on ne coupe que 2. figues, à celle du millier il en faut couper 3.

Combien reviendra la piece ? Pour le fçavoir voyez le feüllet 1000. à la colomne des deniers, vous y trouverez 37.l. 10.f. & audevant vous y voyez 9. deniers pour la valeur de la piece, & pour fçavoir, à combien reviendra le 100. voyez le feuillet 100. à la colomne des deniers, vous y trouverez au bout de la ligne où font 9.d. la valeur du 100. qui eft 3.l. 15.f.

La maniere de faire le conte d'une impreſſion de quel Livre que ce ſuit.

à 12 feüilles un livre.

Combien y aurat il d'exemplaires à une rame de papier, à raiſon de 500. feüilles à la rame ? Pour le fçavoir cherchez dans le livre, depuis le commancement à peu prés, continuant de feuillet à autre juſques à ce que vous ayez trouvé combien il faut de fois 12. pour faire 500. dans la premiere colomne de châque feuillet, ne les y trouvant pas au juſte, mais vous trouverez au feuillet 42. au bout de la ligne 12. le nombre 504. auquel vous vous y arreſterez, & vous direz qu'à la rame il y à 42. exemplaires & 4. feüilles de plus.

à 9.l. 15.f. les 42. Exemplaires cy-deſſus tout frais fait.

Suppoſez que la rame de papier vous ayt couté 3 livres, & pour l'impreſſion 6.l. 15.f. font en tout 9 l. 15.f à quoy revienent la rame : Pour fçavoir à combien reviendra un exemplaire, voyez le même feüillet 42. dans lequel vous y chercherez dans la colomne des fols 9.l. 15.f. vous ne les y trouverez pas au juſte, mais ſeulement 8.l. 8.f. au devant de ladite ſomme, il y a 4.f. qui eſt ce que revient un exemplaire pour les fols.

Il manque encore 1.l 7.f. pour faire 9.l. 15.f. que vous chercherez à la colomne des deniers, vous ne les y trouverez pas au jufte, mais il fe trouve 1.l. 8.f. qui eft un fols de plus, audevant deladi te fomme, il y a 8. deniers que vous joindrez avec les 4.f. cy-deffus, & feront en tout 4.f. 8.d. que vous reviendra un exemplaire.

Ainfi de tous autres contes l'on peut fçavoir ce que revient 1. comme par exemple 54. de ce qu'il vous plaira, vous a coûté 47.l. 5.f. Pour fçavoir ce que revient 1. voyez le feüillet 54 à la colomne des fols, vous y chercherez 47.l. 5.f. vous ne les y trouvez pas, mais feulement 45.l. 18.f. au devant il y a 17.f. que vous revient déja 1. il manque 1.l.7.f.que vous trouverez à la colomne des deniers, au devant il y a 6.d. ajoûtés ces deux parties enfemble, vous aurez en tout 17.f. 6.d. que vous reviendra 1. ou la piece.

Pour la mefure du toifage.

Un champ de terre a de longueur 44. toifes, & de largeur 35. Pour fçavoir combien de toifes ou autre mefure il y aura en quarré, voyés le feüillet 44. vous y trouverez au bout de la ligne où eft 35. le nombre qui eft 1540 toifes.

Pour l'inftruction du toifage, il y a un Traité de Geometrie nouveau compofé par Mr. Duverbois oifeur & Arpenteur, qui fe vend chez le méme ui debite ce prefent *Tarif*.

Vous remarquerés icy, mon cher Lecteur, que ans prejudice & fans mépris d'un livre intitulé, *nvention nouvelle,pour faire toutes fortes de Côptes,* c. Lefdits Comptes font icy faits beaucoup plus ifement, fe trouvant au bout de chaque ligne, fuivant le prix établi de la chofe, à livres, fols & deniers,& en outre étant exempts des fautes & erreurs, dont l'autre eft tout femply.

Extraict du Privilege du Roy.

PAr Grace & Privilege du Roy, donné à Paris le Premier de May 1681. Signé Raince & scellé du grand Sceau de cire rouge, il est permis à *Claude Naulot* Marchand à Lyon de faire Imprimer, vendre & debiter autant de fois qu'il luy plaira un Livre, en un, ou en plusieurs Volumes, & en feüilles particulieres, Intitulé *Le vray Tarif, par lequel on peut avis une grande facilité faire toutes sortes de comptes, pour servir à tous Marchands negocians, en Or & en Argent au poids de Marc de 8. onces, & en draps d'or, d'argent, & de soye, comme aussi en toutes sortes d'autres marchandises, à l'aune, ou à autres mesures, & qui se Fabriquent à divers poids, tant au quintal qu'à la livre,* avec deffences tres-expresses à tous Imprimeurs, Libraires, & autres personnes de quelque qualité & condition qu'ils soient, d'imprimer ou faire imprimer, contrefaire, ny debiter ledit Livre sans le consentement expres du supliant, à peine de confiscation des exemplaires contrefaits, & de trois mille livres d'amande, & cependant l'espace de six années, à commencer du jour qu'il sera achevé d'Imprimer, ainsi qu'il est plus amplement contenu audit Privilege.

Regiftré fur le Livre de la Communauté des Libraires, & Imprimeurs de Paris, le troifiéme May 1681. fuivant l'Arreft du Parlement du 8. Avril 1653. & celuy du Conseil privé du Roy du 27. Fevrier 1665. Signé C. ANGOT Syndic.

Le prix de la chose à

L.						
1 — 2		31 — 62		1.sol —		2 —
2 — 4		32 — 64		2.s. —		4
3 — 6		33 — 66		3.s. —		6
4 — 8		34 — 68		4.s. —		8
5 — 10		35 — 70		5.s. —		10
6 — 12		36 — 72		6.s. —		12
7 — 14		37 — 74		7.s. —		14
8 — 16		38 — 76		8.s. —		16
9 — 18		39 — 78		9.s. —		18 —
10 — 20		40 — 80		10.s.	1	—
11 — 22		41 — 82		11.s.	1	2
12 — 24		42 — 84		12.s.	1	4
13 — 26		43 — 86		13.s.	1	6 —
14 — 28		44 — 88		14.s.	1	8
15 — 30		45 — 90		15.s.	1	10 —
16 — 32		46 — 92		16.s.	1	12 —
17 — 34		47 — 94		17.s.	1	14 —
18 — 36		48 — 96		18.s.	1	16
19 — 38		49 — 98		19.s.	1	18 —
20 — 40		50 — 100		1.d —	—	2
21 — 42		51 — 102		2.d —	—	4
22 — 44		52 — 104		3.d —	—	6
23 — 46		60 — 120		4.d —	—	8
24 — 48		70 — 140		5.d —	—	10
25 — 50		80 — 160		6.d —	1	—
26 — 52		90 — 180		7.d —	1	2
27 — 54		100 — 200		8.d —	1	4
28 — 56		200 — 400		9.d —	1	6
29 — 58		300 — 600		10.d —	1	8
30 — 60		400 — 800		11.d —	1	10

A

Valeur de la chose à

L.								
1 — 3	31 — 93	1.sol —		3	—			
2 — 6	32 — 96	2.s. —		6	—			
3 — 9	33 — 99	3.s. —		9	—			
4 — 12	34 — 102	4.s. —		12	—			
5 — 15	35 — 105	5.s. —		15	—			
6 — 18	36 — 108	6.s. —		18	—			
7 — 21	37 — 111	7.s.	1	1	—			
8 — 24	38 — 114	8.s.	1	4	—			
9 — 27	39 — 117	9.s.	1	7	—			
10 — 30	40 — 120	10.s.	1	10	—			
11 — 33	41 — 123	11.s.	1	13	—			
12 — 36	42 — 126	12.s.	1	16	—			
13 — 39	43 — 129	13.s.	1	19	—			
14 — 42	44 — 132	14.s.	2	2	—			
15 — 45	45 — 135	15.s.	2	5	—			
16 — 48	46 — 138	16.s.	2	8	—			
17 — 51	47 — 141	17.s.	2	11	—			
18 — 54	48 — 144	18.s.	2	14	—			
19 — 57	49 — 147	19.s.	2	17	—			
20 — 60	50 — 150	1.d —	—		3			
21 — 63	51 — 153	2.d —	—		6			
22 — 66	52 — 156	3.d —	—		9			
23 — 69	60 — 180	4.d —	1		—			
24 — 72	70 — 210	5.d —	1		3			
25 — 75	80 — 240	6.d —	1		6			
26 — 78	90 — 270	7.d —	1		9			
27 — 81	100 — 300	8.d —	2		—			
28 — 84	200 — 600	9.d —	2		3			
29 — 87	300 — 900	10.d —	2		6			
30 — 90	400 — 1200	11.d —	2		9			

Valeur de la chofe à L.

1 —	4	31 — 124	1.fol —		4	
2 —	8	32 — 128	2.f —		8	
3 —	12	33 — 132	3.f —		12	
4 —	16	34 — 136	4.f —		16	
5 —	20	35 — 140	5.f	1		
6 —	24	36 — 144	6.f	1	4	
7 —	28	37 — 148	7.f	1	8	
8 —	32	38 — 152	8.f	1	12	
9 —	36	39 — 156	9.f	1	16	
10 —	40	40 — 160	10.f	2	—	
11 —	44	41 — 164	11.f	2	4	
12 —	48	42 — 168	12.f	2	8	
13 —	52	43 — 172	13.f	2	12	
14 —	56	44 — 176	14.f	2	16	
15 —	60	45 — 180	15.f	3	—	
16 —	64	46 — 184	16.f	3	4	
17 —	68	47 — 188	17.f	3	8	
18 —	72	48 — 192	18.f	3	12	
19 —	76	49 — 196	19.f	3	16	
20 —	80	50 — 200	1.d —		—	4
21 —	84	51 — 204	2.d —			8
22 —	88	52 — 208	3.d —	1	—	
23 —	92	60 — 240	4.d —	1		4
24 —	96	70 — 280	5.d —	1		8
25 —	100	80 — 320	6.d —	2	—	
26 —	104	90 — 360	7.d —	2		4
27 —	108	100 — 400	8.d —	2		8
28 —	112	200 — 800	9.d —	3	—	
29 —	116	300 — 1200	10.d —	3		4
30 —	120	400 — 1600	11.d —	3		8

A 2

Valeur de la choſe à

L.				sol/d		
1 —	5	31 — 155		1.ſol —		5
2 —	10	32 — 160		2.ſ —		10
3 —	15	33 — 165		3.ſ —		15
4 —	20	34 — 170		4.ſ	1	—
5 —	25	35 — 175		5.ſ	1	5
6 —	30	36 — 180		6.ſ	1	10
7 —	35	37 — 185		7.ſ	1	15
8 —	40	38 — 190		8.ſ	2	—
9 —	45	39 — 195		9.ſ	2	5
10 —	50	40 — 200		10.ſ	2	10
11 —	55	41 — 205		11.ſ	2	15
12 —	60	42 — 210		12.ſ	3	—
13 —	65	43 — 215		13.ſ	3	5
14 —	70	44 — 220		14.ſ	3	10
15 —	75	45 — 225		15.ſ	3	15
16 —	80	46 — 230		16.ſ	4	—
17 —	85	47 — 235		17.ſ	4	5
18 —	90	48 — 240		18.ſ	4	10
19 —	95	49 — 245		19.ſ	4	15
20 —	100	50 — 250		1.d —		5
21 —	105	51 — 255		2.d —	—	10
22 —	110	52 — 260		3.d —	1	3
23 —	115	60 — 300		4.d —	1	8
24 —	120	70 — 350		5.d —	2	1
25 —	125	80 — 400		6.d —	2	6
26 —	130	90 — 450		7.d —	2	11
27 —	135	100 — 500		8.d —	3	4
28 —	140	200 — 1000		9.d —	3	9
29 —	145	300 — 1500		10.d —	4	2
30 —	150	400 — 2000		11.d —	4	7

Valeur de la chose à						
L. 1	6	31	186	1.f. —		6
2	12	32	192	2.f. —		12
3	18	33	198	3.f. —		18
4	24	34	204	4.f.	1	4
5	30	35	210	5.f.	1	10
6	36	36	216	6.f.	1	16
7	42	37	222	7.f.	2	2
8	48	38	228	8.f.	2	8
9	54	39	234	9.f.	2	14
10	60	40	240	10.f.	3	—
11	66	41	246	11.f.	3	6
12	72	42	252	12.f.	3	12
13	78	43	258	13.f.	3	18
14	84	44	264	14.f.	4	4
15	90	45	270	15.f.	4	10
16	96	46	276	16.f.	4	16
17	102	47	282	17.f.	5	2
18	108	48	288	18.f.	5	8
19	114	49	294	19.f.	5	14
20	120	50	300	1.d —	—	6
21	126	51	306	2.d —	1	
22	132	52	312	3.d —	1	6
23	138	60	360	4.d —	2	—
24	144	70	420	5.d —	2	.6
25	150	80	480	6.d —	3	—
26	156	90	540	7.d —	3	6
27	162	100	600	8.d —	4	—
28	168	200	1200	9.d —	4	6
29	174	300	1800	10.d —	5	—
30	180	400	2400	11.d —	5	6

A 3

Valeur de la chofe à						
L. 1 — 7	31 — 217	1.f. —		7		
2 — 14	32 — 224	2.f. —		14		
3 — 21	33 — 231	3.f. 1		1		
4 — 28	34 — 238	4.f. 1		8		
5 — 35	35 — 245	5.f. 1		15		
6 — 42	36 — 252	6.f. 2		2		
7 — 49	37 — 259	7.f. 2		9		
8 — 56	38 — 266	8.f. 2		16		
9 — 63	39 — 273	9.f. 3		3		
10 — 70	40 — 280	10.f. 3		10		
11 — 77	41 — 287	11.f. 3		17		
12 — 84	42 — 294	12.f. 4		4		
13 — 91	43 — 301	13.f. 4		11		
14 — 98	44 — 308	14.f. 4		18		
15 — 105	45 — 315	15.f. 5		5		
16 — 112	46 — 322	16.f. 5		12		
17 — 119	47 — 329	17.f. 5		19		
18 — 126	48 — 336	18.f. 6		6		
19 — 133	49 — 343	19.f. 6		13		
20 — 140	50 — 350	1.d. —				7
21 — 147	51 — 357	2.d. —	1			2
22 — 154	52 — 364	3.d. —	1			9
23 — 161	60 — 420	4.d. —	2			4
24 — 168	70 — 490	5.d. —	2			11
25 — 175	80 — 560	6.d. —	3			6
26 — 182	90 — 630	7.d. —	4			1
27 — 189	100 — 700	8.d. —	4			8
28 — 196	200 ·· 1400	9.d. —	5			3
29 — 203	300 - 2100	10.d. —	5			10
30 — 210	400 — 2800	11.d. —	6			5

L. — *Valeur de la chofe à*

1 — 8	31 — 248	1.f.—	8	—	
2 — 16	32 — 256	2.f.—	16	—	
3 — 24	33 — 264	3.f. 1	4	—	
4 — 32	34 — 272	4.f. 1	12	—	
5 — 40	35 — 280	5.f. 2	—	—	
6 — 48	36 — 288	6.f. 2	8	—	
7 — 56	37 — 296	7.f. 2	16	—	
8 — 64	38 — 304	8.f. 3	4	—	
9 — 72	39 — 312	9.f. 3	12	—	
10 — 80	40 — 320	10.f. 4	—	—	
11 — 88	41 — 328	11.f. 4	8	—	
12 — 96	42 — 336	12.f. 4	16	—	
13 — 104	43 — 344	13.f. 5	4	—	
14 — 112	44 — 352	14.f. 5	12	—	
15 — 120	45 — 360	15.f. 6	—	—	
16 — 128	46 — 368	16.f. 6	8	—	
17 — 136	47 — 376	17.f. 6	16	—	
18 — 144	48 — 384	18.f. 7	4	—	
19 — 152	49 — 392	19.f. 7	12	—	
20 — 160	50 — 400	1.d—		—	8
21 — 168	51 — 408	2.d—		1	4
22 — 176	52 — 416	3.d—		2	—
23 — 184	60 — 480	4.d—		2	8
24 — 192	70 — 560	5.d—		3	4
25 — 200	80 — 640	6 d—		4	—
26 — 208	90 — 720	7.d—		4	8
27 — 216	100 — 800	8.d—		5	4
28 — 224	200 — 1600	9.d—		6	—
29 — 232	300 — 2400	10.d—		6	8
30 — 240	400 — 3200	11.d—		7	4

Valeur de la chose à

L. 1 — 11	31 — 341	1.f. —	11	—
2 — 22	32 — 352	2.f. 1	2	—
3 — 33	33 — 363	3.f. 1	13	—
4 — 44	34 — 374	4.f. 2	4	—
5 — 55	35 — 385	5.f. 2	15	—
6 — 66	36 — 396	6.f. 3	6	—
7 — 77	37 — 407	7.f. 3	17	—
8 — 88	38 — 418	8.f. 4	8	—
9 — 99	39 — 429	9.f. 4	19	—
10 — 110	40 — 440	10.f. 5	10	—
11 — 121	41 — 451	11.f. 6	1	—
12 — 132	42 — 462	12.f. 6	12	—
13 — 143	43 — 473	13.f. 7	3	—
14 — 154	44 — 484	14.f. 7	14	—
15 — 165	45 — 495	15.f. 8	5	—
16 — 176	46 — 506	16.f. 8	16	—
17 — 187	47 — 517	17.f. 9	7	—
18 — 198	48 — 528	18.f. 9	18	—
19 — 209	49 — 539	19.f. 10	9	—
20 — 220	50 — 550	1.d —	—	11
21 — 231	51 — 561	2.d —	1	10
22 — 242	52 — 572	3.d —	2	9
23 — 253	53 — 583	4.d —	3	8
24 — 264	54 — 594	5.d —	4	7
25 — 275	55 — 605	6.d —	5	6
26 — 286	60 — 660	7.d —	6	5
27 — 297	70 — 770	8.d —	7	4
28 — 308	80 — 880	9.d —	8	3
29 — 319	90 — 990	10.d —	9	2
30 — 330	100. — 1100	11.d —	10	1

Le pris de la chose à

L.						
1	12	31	372	1. ſ.	12	—
2	24	32	384	2. ſ. 1	4	—
3	36	33	396	3. ſ. 1	16	—
4	48	34	408	4. ſ. 2	8	—
5	60	35	420	5. ſ. 3	—	—
6	72	36	432	6. ſ. 3	12	—
7	84	37	444	7. ſ. 4	4	—
8	96	38	456	8. ſ. 4	16	—
9	108	39	468	9. ſ. 5	8	—
10	120	40	480	10. ſ. 6	—	—
11	132	41	492	11. ſ. 6	12	—
12	144	42	504	12. ſ. 7	4	—
13	156	43	516	13. ſ. 7	16	—
14	168	44	528	14. ſ. 8	8	—
15	180	45	540	15. ſ. 9	—	—
16	192	46	552	16. ſ. 9	12	—
17	204	47	564	17. ſ. 10	4	—
18	216	48	576	18. ſ. 10	16	—
19	228	49	588	19. ſ. 11	8	—
20	240	50	600	1. d	1	—
21	252	51	612	2 d	2	—
22	264	52	624	3. d	3	—
23	276	53	636	4 d	4	—
24	288	54	648	5. d	5	—
25	300	55	660	6. d	6	—
26	312	60	720	7. d	7	—
27	324	70	840	8. d	8	—
28	336	80	960	9. d	9	—
29	348	90	1080	10. d	10	—
30	360	100	1200	11. d	11	—

Le pris de la chofe à

L.						
1 — 13	31—403	1.f.—		13		
2 — 26	32—416	2.f.	1	6		
3 — 39	33—429	3.f.	1	19		
4 — 52	34—442	4.f.	2	12		
5 — 65	35—455	5.f.	3	5		
6 — 78	36—468	6.f.	3	18		
7 — 91	37—481	7.f.	4	11		
8—104	38—494	8.f.	5	4		
9—117	39—507	9.f.	5	17		
10—130	40—520	10.f.	6	10		
11—143	41—533	11.f.	7	3		
12—156	42—546	12.f.	7	16		
13—169	43—559	13.f.	8	9		
14—182	44—572	14.f.	9	2		
15—195	45—585	15.f.	9	15		
16—208	46—598	16.f.10		8		
17—221	47—611	17.f.11		1		
18—234	48—624	18.f.11		14		
19—247	49—637	19.f.12		7		
20—260	50—650	1.d—		1	1	
21—273	51—663	2.d—		2	2	
22—286	52—676	3.d—		3	3	
23—299	53—689	4.d—		4	4	
24—312	54—702	5.d—		5	5	
25—325	55—715	6.d—		6	6	
26—338	60—780	7.d—		7	7	
27—351	70—910	8.d—		8	8	
28—364	80—1040	9.d—		9	9	
29—377	90—1170	10.d—		10	10	
30—390	100—1300	11.d—		11	11	

L.						
1 —	14	31 —	434	à 1.ſ. —		14
2 —	28	32 —	448	2.ſ.	1	8
3 —	42	33 —	462	3.ſ.	2	2
4 —	56	34 —	476	4.ſ.	2	16
5 —	70	35 —	490	5.ſ.	3	10
6 —	84	36 —	504	6.ſ.	4	4
7 —	98	37 —	518	7.ſ.	4	18
8 —	112	38 —	532	8.ſ.	5	12
9 —	126	39 —	546	9.ſ.	6	6
10 —	140	40 —	560	10.ſ.	7	—
11 —	154	41 —	574	11.ſ.	7	14
12 —	168	42 —	588	12.ſ.	8	8
13 —	182	43 —	602	13.ſ.	9	2
14 —	196	44 —	616	14.ſ.	9	16
15 —	210	45 —	630	15.ſ.10	10	
16 —	224	46 —	644	16.ſ.11	4	
17 —	238	47 —	658	17.ſ. 11	18	
18 —	252	48 —	672	18.ſ.12	12	
19 —	266	49 —	686	19.ſ.13	6	
20 —	280	50 —	700	1.d —	1	2
21 —	294	51 —	714	2.d —	2	4
22 —	308	52 —	728	3.d —	3	6
23 —	322	60 —	840	4.d —	4	8
24 —	336	70 —	980	5.d —	5	10
25 —	350	80 —	1120	6.d —	7	—
26 —	364	90 —	1260	7.d —	8	2
27 —	378	100 —	1400	8.d —	9	4
28 —	392	200 —	2800	9.d —	10	6
29 —	406	300 —	4200	10.d —	11	8
30 —	420	400 —	5600	11.d —	12	1

Le pris de la choſe à

B

Le pris de la choſe à

L.					
1 — 13	31 — 403	1.ſ.—			13
2 — 26	32 — 416	2.ſ.	1	6	
3 — 39	33 — 429	3.ſ.	1	19	
4 — 52	34 — 442	4.ſ.	2	12	
5 — 65	35 — 455	5.ſ.	3	5	
6 — 78	36 — 468	6.ſ.	3	18	
7 — 91	37 — 481	7.ſ.	4	11	
8 — 104	38 — 494	8.ſ.	5	4	
9 — 117	39 — 507	9.ſ.	5	17	
10 — 130	40 — 520	10.ſ.	6	10	
11 — 143	41 — 533	11.ſ.	7	3	
12 — 156	42 — 546	12.ſ.	7	16	
13 — 169	43 — 559	13.ſ.	8	9	
14 — 182	44 — 572	14.ſ.	9	2	
15 — 195	45 — 585	15.ſ.	9	15	
16 — 208	46 — 598	16.ſ.10		8	
17 — 221	47 — 611	17.ſ.11		1	
18 — 234	48 — 624	18.ſ.11		14	
19 — 247	49 — 637	19.ſ.12		7	
20 — 260	50 — 650	1.d.—		1	1
21 — 273	51 — 663	2.d.—		2	2
22 — 286	52 — 676	3.d.—		3	3
23 — 299	53 — 689	4.d.—		4	4
24 — 312	54 — 702	5.d.—		5	5
25 — 325	55 — 715	6.d.—		6	6
26 — 338	60 — 780	7.d.—		7	7
27 — 351	70 — 910	8.d.—		8	8
28 — 364	80 — 1040	9.d.—		9	9
29 — 377	90 — 1170	10.d.—		10	10
30 — 390	100 — 1300	11.d.—		11	11

L.				à		
1 — 14	31 — 434	à 1.ſ. —		14	
2 — 28	32 — 448	2.ſ. 1	8	
3 — 42	33 — 462	3.ſ. 2	2	
4 — 56	34 — 476	4.ſ. 2	16	
5 — 70	35 — 490	5.ſ. 3	10	
6 — 84	36 — 504	6.ſ. 4	4	
7 — 98	37 — 518	7.ſ. 4	18	
8 — 112	38 — 532	8.ſ. 5	12	
9 — 126	39 — 546	9.ſ. 6	6	
10 — 140	40 — 560	10.ſ. 7	—	
11 — 154	41 — 574	11.ſ. 7	14	
12 — 168	42 — 588	12.ſ. 8	8 —	
13 — 182	43 — 602	13.ſ. 9	2 —	
14 — 196	44 — 616	14.ſ. 9	16 —	
15 — 210	45 — 630	15.ſ.10	10 —	
16 — 224	46 — 644	16.ſ.11	4	
17 — 238	47 — 658	17.ſ. 11	18 —	
18 — 252	48 — 672	18.ſ.12	12 —	
19 — 266	49 — 686	19.ſ.13	6 —	
20 — 280	50 — 700	1.d —	1	2
21 — 294	51 — 714	2.d —	2	4
22 — 308	52 — 728	3.d —	3	6
23 — 322	60 — 840	4.d —	4	8
24 — 336	70 — 980	5.d —	5	10
25 — 350	80 — 1120	6.d —	7	—
26 — 364	90 — 1260	7.d —	8	2
27 — 378	100 — 1400	8.d —	9	4
28 — 392	200 — 2800	9.d —	10	6
29 — 406	300 — 4200	10.d —	11	8
30 — 420	400 — 5600	11.d —	12	10

B

Le pris de la choſe à	L.			à 1.ſol-		
	1 — 15	31 — 465	à 1.ſol-	15	—
	2 — 30	32 — 480	2.ſ. 1	10	—
	3 — 45	33 — 495	3.ſ. 2	5	—
	4 — 60	34 — 510	4.ſ. 3	—	—
	5 — 75	35 — 525	5.ſ. 3	15	—
	6 — 90	36 — 540	6.ſ. 4	10	—
	7 — 105	37 — 555	7.ſ. 5	5	—
	8 — 120	38 — 570	8.ſ. 6	—	—
	9 — 135	39 — 585	9.ſ. 6	15	—
	10 — 150	40 — 600	10.ſ. 7	10	—
	11 — 165	41 — 615	11.ſ. 8	5	—
	12 — 180	42 — 630	12.ſ. 9	—	—
	13 — 195	43 — 645	13.ſ. 9	15	—
	14 — 210	44 — 660	14.ſ.10	10	—
	15 — 225	45 — 675	15.ſ.11	5	—
	16 — 240	46 — 690	16.ſ.12	—	—
	17 — 255	47 — 705	17.ſ.12	15	~
	18 — 270	48 — 720	18.ſ.13	10	—
	19 — 285	49 — 735	19.ſ.14	5	—
	20 — 300	50 — 750	1.d—	1	3
	21 — 315	51 — 765	2.d—	2	6
	22 — 330	52 — 780	3.d—	3	9
	23 — 345	60 — 900	4.d—	5	—
	24 — 360	70 — 1050	5.d—	6	3
	25 — 375	80 — 1200	6.d—	7	6
	26 — 390	90 — 1350	7.d—	8	9
	27 — 405	100 — 1500	8 d—	10	—
	28 — 420	200 — 3000	9.d—	11	3
	29 — 435	300 — 4500	10.d—	12	6
	30 — 450	400 — 6000	11.d—	13	9

Marchandifes, ou autre chofe, 16.

Le pris de la chofe à L.

1 — 16	31 — 496	à 1.ſ —		16	—
2 — 32	32 — 512	2.ſ	1	12	—
3 — 48	33 — 528	3.ſ	2	8	—
4 — 64	34 — 544	4.ſ	3	4	—
5 — 80	35 — 560	5.ſ	4	—	—
6 — 96	36 — 576	6.ſ	4	16	—
7 — 112	37 — 592	7.ſ	5	12	—
8 — 128	38 — 608	8.ſ	6	8	—
9 — 144	39 — 624	9.ſ	7	4	—
10 — 160	40 — 640	10.ſ	8	—	—
11 — 176	41 — 656	11.ſ	8	16	—
12 — 192	42 — 672	12.ſ	9	12	—
13 — 208	43 — 680	13.ſ	10	8	—
14 — 224	44 — 704	14.ſ	11	4	—
15 — 240	45 — 720	15.ſ	12	—	—
16 — 256	46 — 736	16.ſ	12	16	—
17 — 272	47 — 752	17.ſ	13	12	—
18 — 288	48 — 768	18 ſ	14	8	—
19 — 304	49 — 784	19.ſ	15	4	—
20 — 320	50 — 800	1.d —	1	4	
21 — 336	51 — 816	2.d —	2	8	
22 — 352	52 — 832	3.d —	4	—	
23 — 368	60 — 960	4.d —	5	4	
24 — 384	70 — 1120	5.d —	6	8	
25 — 400	80 — 1280	6.d —	8	—	
26 — 416	90 — 1440	7.d —	9	4	
27 — 432	100 — 1600	8 d —	10	8	
28 — 448	200 — 3200	9 d —	12	—	
29 — 464	300 — 4800	10.d —	13	4	
30 — 480	400 — 6400	11.d —	14	8	

Le prix de la choſe à						
L. 1 — 17	31 — 527	à 1.ſ.—		17	—	
2 — 34	32 — 544	2.ſ	1	14	—	
3 — 51	33 — 561	3.ſ	2	11	—	
4 - 68	34 — 578	4.ſ	3	8	—	
5 — 85	35 — 595	5.ſ	4	5	—	
6 —102	36 — 612	6.ſ	5	2	—	
7 —119	37 — 629	7.ſ	5	19	—	
8 -136	38 — 646	8.ſ	6	16	—	
9 —153	39 — 663	9.ſ	7	13	—	
10 —170	40 — 680	10.ſ	8	10	—	
11 —187	41 — 697	11.ſ	9	7		
12 —204	42 — 714	12.ſ10		4		
13 —221	43 — 731	13.ſ11		1		
14 -238	44 — 748	14.ſ11		18	—	
15 —255	45 — 765	15.ſ12		15		
16 272	46 — 782	16.ſ13		12	—	
17 —289	47 — 799	17.ſ14		9	—	
18 —306	48 — 816	18.ſ15		6	—	
19 —323	49 — 833	19.ſ16		3	—	
20 —340	50 — 850	1.d—		1		5
21 —357	51 — 867	2.d—		2		10
22 —374	52 — 884	3.d—		4		3
23 —391	60 — 1020	4.d—		5		8
24 —408	70 — 1190	5.d—		7		1
25 —425	80 — 1360	6.d—		8		6
26 —442	90 — 1530	7.d—		9		11
27 —459	100 — 1700	8.d—		11		4
28 —476	200 — 3400	9.d—		12		9
29 —493	300 — 5100	10.d—		14		2
30 —510	400 — 6800	11.d—		15		7

Le pris de la chofe à

L.				à			
1 — 18	31 — 558	à 1.f.		18	
2 — 36	32 — 576	2.f.	1	16	
3 — 54	33 — 594	3.f.	2	14	
4 — 72	34 — 612	4.f.	3	12	
5 — 90	35 — 630	5.f.	4	10	
6 — 108	36 — 648	6.f.	5	8	
7 — 126	37 — 666	7.f.	6	6	
8 — 144	38 — 684	8.f.	7	4	
9 — 162	39 — 702	9.f.	8	2	
10 — 180	40 — 720	10.f.	9	—	
11 — 198	41 — 738	11.f.	9	18	
12 — 216	42 — 756	12.f.	10	16	
13 — 234	43 — 774	13.f.	11	14	
14 — 252	44 — 792	14.f.	12	12	
15 — 270	45 — 810	15.f.	13	10	
16 — 288	46 — 828	16.f.	14	8	
17 — 306	47 — 846	17.f.	15	6	
18 — 324	48 — 864	18.f.	16	4	
19 — 342	49 — 882	19.f.	17	2	
20 — 360	50 — 900	1.d.—		1	6
21 — 378	51 — 918	2.d.—		3	
22 — 396	52 — 936	3.d.—		4	6
23 — 414	60 — 1080	4.d.—		6	
24 — 432	70 — 1260	5.d.—		7	6
25 — 450	80 — 1440	6.d.—		9	
26 — 468	90 — 1620	7.d.—		10	6
27 — 486	100 — 1800	8.d.—		12	
28 — 504	200 — 3600	9.d.—		13	6
29 — 522	300 — 5400	10.d.—		15	
30 — 540	400 — 7200	11.d.—		16	6

B 3

Le pris de la chose à

L.				à		
1 — 19	31 — 589	à 1.f.—	19	—		
2 — 38	32 — 608	2.f. 1	18	—		
3 — 57	33 — 627	3.f. 2	17	—		
4 — 76	34 — 646	4.f. 3	16	—		
5 — 95	35 — 665	5.f. 4	15	—		
6 — 114	36 — 684	6.f. 5	14	—		
7 — 133	37 — 703	7.f. 6	13	—		
8 — 152	38 — 722	8.f. 7	12	—		
9 — 171	39 — 741	9.f. 8	11	—		
10 — 190	40 — 760	10.f. 9	10	—		
11 — 209	41 — 779	11.f.10	9	—		
12 — 228	42 — 798	12.f.11	8	—		
13 — 247	43 — 817	13.f.12	7	—		
14 — 266	44 — 836	14.f.13	6	—		
15 — 285	45 — 855	15.f.14	5	—		
16 — 304	46 — 874	16.f.15	4	—		
17 — 323	47 — 893	17.f.16	3	—		
18 — 342	48 — 912	18.f.17	2	—		
19 — 361	49 — 931	19.f.18	1	—		
20 — 380	50 — 950	1.d.—	r		7	
21 — 399	51 — 969	2.d.—	3		2	
22 — 418	52 — 988	3.d.—	4		9	
23 — 437	60 — 1140	4.d.—	6		4	
24 — 456	70 — 1330	5.d.—	7		11	
25 — 475	80 — 1520	6.d.—	9		6	
26 — 494	90 — 1710	7.d.—	11		1	
27 — 513	100 — 1900	8.d.—	12		8	
28 — 532	200 — 3800	9.d.—	14		3	
29 — 551	300 — 5700	10.d.—	15		10	
30 — 570	400 — 7600	11.d.—	17		5	

Le pris de la chofe à — L.

1 — 20	31 — 620	à 1.f. 1	—
2 — 40	32 — 640	2.f. 2	—
3 — 60	33 — 660	3.f. 3	—
4 — 80	34 — 680	4.f. 4	—
5 — 100	35 — 700	5.f. 5	—
6 — 120	36 — 720	6.f. 6	—
7 — 140	37 — 740	7.f. 7	—
8 — 160	38 — 760	8.f. 8	—
9 — 180	39 — 780	9.f. 9	—
10 — 200	40 — 800	10.f.10	—
11 — 220	41 — 820	11.f.11	—
12 — 240	42 — 840	12.f.12	—
13 — 260	43 — 860	13.f.13	—
14 — 280	44 — 880	14.f.14	—
15 — 300	45 — 900	15.f.15	—
16 — 320	46 — 920	16.f.16	—
17 — 340	47 — 940	17.f.17	—
18 — 360	48 — 960	18.f.18	—
19 — 380	49 — 980	19.f.19	—
20 — 400	50 — 1000	1.d — 1	8
21 — 420	51 — 1020	2.d — 3	4
22 — 440	52 — 1040	3.d — 5	
23 — 460	60 — 1200	4.d — 6	8
24 — 480	70 — 1400	5.d — 8	4
25 — 500	80 — 1600	6.d — 10	
26 — 520	90 — 1800	7.d — 11	8
27 — 540	100 — 2000	8.d — 13	4
28 — 560	200 — 4000	9.d — 15	
29 — 580	300 — 6000	10.d — 16	8
30 — 600	400 — 8000	11.d — 18	4

Le pris de la chofe à					
L. 1 — 21	31 — 651	à 1.ſ. 1	1		
2 — 42	32 — 672	2.ſ. 2	2		
3 — 63	33 — 693	3.ſ. 3	3		
4 — 84	34 — 714	4.ſ. 4	4		
5 — 105	35 — 735	5.ſ. 5	5		
6 — 126	36 — 756	6.ſ. 6	6		
7 — 147	37 — 777	7.ſ. 7	7		
8 — 168	38 — 798	8.ſ. 8	8		
9 — 189	39 — 819	9.ſ. 9	9		
10 — 210	40 — 840	10.ſ.10	10		
11 — 231	41 — 861	11.ſ.11	11		
12 — 252	42 — 882	12.ſ.12	12		
13 — 273	43 — 903	13.ſ.13	13		
14 — 294	44 — 924	14.ſ.14	14		
15 — 315	45 — 945	15.ſ.15	15		
16 — 336	46 — 966	16.ſ.16	16		
17 — 357	47 — 987	17.ſ.17	17		
18 — 378	48 — 1008	18.ſ.18	18		
19 — 399	49 — 1029	19.ſ.19	19		
20 — 420	50 — 1050	1.d —	1	9	
21 — 441	51 — 1071	2.d —	3	6	
22 — 462	52 — 1092	3.d —	5	3	
23 — 483	60 — 1260	4.d —	7	—	
24 — 504	70 — 1470	5.d —	8	9	
25 — 525	80 — 1680	6.d —	10	6	
26 — 546	90 — 1890	7.d —	12	3	
27 — 567	100 — 2100	8.d —	14	—	
28 — 588	200 — 4200	9.d —	15	9	
29 — 609	309 — 6300	10.d —	17	6	
30 — 630	400 — 8400	11.d —	19	3	

Le pris de la chose à

L.				à			
1 — 22	31 — 682	à 1.f. 1	2				
2 — 44	32 — 704	2.f. 2	4				
3 — 66	33 — 726	3.f. 3	6				
4 — 88	34 — 748	4.f. 4	8				
5 — 110	35 — 770	5.f. 5	10				
6 — 132	36 — 792	6.f. 6	12				
7 — 154	37 — 814	7.f. 7	14				
8 — 176	38 — 836	8.f. 8	16				
9 — 198	39 — 858	9.f. 9	18				
10 — 220	40 — 880	10.f.11	—				
11 — 242	41 — 902	11.f.12	2				
12 — 264	42 — 924	12.f.13	4				
13 — 286	43 — 946	13.f.14	6				
14 — 308	44 — 968	14.f.15	8				
15 — 330	45 — 990	15.f.16	10				
16 — 352	46 — 1012	16.f.17	12				
17 — 374	47 — 1034	17.f.18	14				
18 — 396	48 — 1056	18.f.19	16				
19 — 418	49 — 1078	19.f.20	18				
20 — 440	50 — 1100	1.d. —	1	10			
21 — 462	51 — 1122	2.d. —	3	8			
22 — 484	52 — 1144	3.d. —	5	6			
23 — 506	60 — 1320	4.d. —	7	4			
24 — 528	70 — 1540	5.d. —	9	2			
25 — 550	80 — 1760	6.d. —	11	—			
26 — 572	90 — 1980	7.d. —	12	10			
27 — 594	100 — 2200	8.d. —	14	8			
28 — 616	200 — 4400	9.d. —	16	6			
29 — 638	300 — 6600	10.d. —	18	4			
30 — 660	400 — 8800	11.d. —	—	2			

Le pris de la chose à

L.				à			
1 — 23	31 — 713	à 1.f.1	3				
2 — 46	32 — 736	2.f. 2	6				
3 — 69	33 — 759	3.f. 3	9				
4 — 92	34 — 782	4.f. 4	12				
5 — 115	35 — 805	5.f. 5	15				
6 — 138	36 — 828	6.f. 6	18				
7 — 161	37 — 851	7.f. 8	1				
8 — 184	38 — 874	8.f. 9	4				
9 — 207	39 — 897	9.f.10	7				
10 — 230	40 — 920	10.f.11	10				
11 — 253	41 — 943	11.f.12	13				
12 — 276	42 — 966	12.f.13	16				
13 — 299	43 — 989	13.f.14	19				
14 — 322	44 — 1012	14.f.16	2				
15 — 345	45 — 1035	15.f.17	5				
16 — 368	46 — 1058	16.f.18	8				
17 — 391	47 — 1081	17.f.19	11				
18 — 414	48 — 1104	18.f.20	14				
19 — 437	49 — 1127	19.f.21	17				
20 — 460	50 — 1150	1.d—	1	11			
21 — 483	51 — 1173	2.d—	3	10			
22 — 506	52 — 1196	3.d—	5	9			
23 — 529	60 — 1380	4.d—	7	8			
24 — 552	70 — 1610	5.d—	9	7			
25 — 575	80 — 1840	6.d—	11	6			
26 — 598	90 — 2070	7.d—	13	5			
27 — 621	100 — 2300	8.d—	15	4			
28 — 644	200 — 4600	9.d—	17	3			
29 — 667	300 — 6900	10.d—	19	2			
30 — 690	400 — 9200	11.d 1	1	1			

Le pris de la chose à							
L. 1 — 24	31 — 744	à 1.f. 1	4 —
2 — 48	32 — 768	2.f. 2	8 —
3 — 72	33 — 792	3.f. 3	12 —
4 — 96	34 — 816	4.f. 4	16 —
5 — 120	35 — 840	5.f. 6	— —
6 — 144	36 — 864	6.f. 7	4 —
7 — 168	37 — 888	7.f. 8	8 —
8 — 192	38 — 912	8.f. 9	12 —
9 — 216	39 — 936	9.f. 10	16 —
10 — 240	40 — 960	10.f. 12	— —
11 — 264	41 — 984	11.f. 13	4 —
12 — 288	42 — 1008	12.f. 14	8 —
13 — 312	43 — 1032	13.f. 15	12 —
14 — 336	44 — 1056	14.f. 16	16 —
15 — 360	45 — 1080	15.f. 18	— —
16 — 384	46 — 1104	16.f. 19	4 —
17 — 408	47 — 1128	17.f. 20	8 —
18 — 432	48 — 1152	18.f. 21	12 —
19 — 456	49 — 1176	19.f. 22	16 —
20 — 480	50 — 1200	1.d —	2 —
21 — 504	51 — 1224	2 d —	4 —
22 — 528	52 — 1248	3.d —	6 —
23 — 552	60 — 1440	4.d —	8 —
24 — 576	70 — 1680	5.d —	10 —
25 — 600	80 — 1920	6.d —	12 —
26 — 624	90 — 2160	7.d —	14 —
27 — 648	100. — 2400	8.d —	16 —
28 — 672	200. — 4800	9.d —	18 —
29 — 696	300. — 7200	10.d 1	— —
30 — 720	400. — 9600	11.d 1	2 —

Le pris de la chose à

L.			à		
1— 25	31— 775	à 1.f. 1	f	—
2— 50	32— 800	2.f. 2	10	—
3— 75	33— 825	3.f. 3	15	—
4—100	34— 850	4.f. 5	—	—
5—125	35— 875	5.f. 6	f	
6—150	36— 900	6.f. 7	10	—
7—175	37— 925	7.f. 8	15	—
8—200	38— 950	8.f.10	—	—
9—225	39— 975	9.f.11	f	—
10—250	40— 1000	10.f.12	10	—
11—275	41— 1025	11.f.13	15	—
12—300	42— 1050	12.f.15	—	—
13—325	43— 1075	13.f.16	f	—
14—350	44— 1100	14.f.17	10	—
15—375	45— 1125	15.f.18	15	—
16—400	46— 1150	16.f.20	—	—
17—425	47— 1175	17.f.21	f	—
18—450	48— 1200	18.f.22	10	—
19—475	49— 1225	19.f.23	15	—
20—500	50— 1250	1.d—	2	1
21—525	51— 1275	2.d—	4	2
22—550	52— 1300	3.l—	6	3
23—575	60— 1500	4.d—	8	4
24—600	70— 1750	5.d— 10		5
25—625	80— 2000	6.d— 12		6
26—650	90— 2250	7.d— 14		7
27—675	100— 2500	8.d— 16		8
28—700	200— 5000	9.d— 18		9
29—725	300— 7500	10.d 1 —		10
30—750	400—10000	11.d 1 2		11

Le pris de la choſe à

L.				à		
1 — 26	31 — 806	à 1.ſ.	1	6		
2 — 52	32 — 832	2.ſ.	2	[1]		
3 — 78	33 — 858	3.ſ.	3	18		
4 — 104	34 — 884	4.ſ.	5	4		
5 — 130	35 — 910	5.ſ.	6	10		
6 — 156	36 — 936	6.ſ.	7	16		
7 — 182	37 — 962	7.ſ.	9	2		
8 — 208	38 — 988	8.ſ.	10	8		
9 — 234	39 — 1014	9.ſ.	11	14		
10 — 260	40 — 1040	10.ſ.	13	—		
11 — 286	41 — 1066	11.ſ.	14	6		
12 — 312	42 — 1092	12.ſ.	15	12		
13 — 338	43 — 1118	13.ſ.	16	18		
14 — 364	44 — 1144	14.ſ.	18	4		
15 — 390	45 — 1170	15.ſ.	19	10		
16 — 416	46 — 1196	16.ſ.	20	16		
17 — 442	47 — 1222	17.ſ.	22	2		
18 — 468	48 — 1248	18.ſ.	23	8		
19 — 494	49 — 1274	19.ſ.	24	14		
20 — 520	50 — 1300	1.d —	2	2		
21 — 546	51 — 1326	2.d —	4	4		
22 — 572	52 — 1352	3.d —	6	6		
23 — 598	60 — 1560	4.d —	8	8		
24 — 624	70 — 1820	5.d —	10	10		
25 — 650	80 — 2080	6.d —	13	—		
26 — 676	90 — 2340	7.d —	15	2		
27 — 702	100 — 2600	8.d —	17	4		
28 — 728	200 — 5200	9.d —	19	6		
29 — 754	300 — 7800	10.d 1	1	8		
30 — 780	400 — 10400	11.d 1	3	10		

C

Le pris de la chose à

L.				à		
1 — 27	31 — 837	à 1.f.	1	-		
2 — 54	32 — 864	2.f.	2	14		
3 — 81	33 — 891	3.f.	4	1		
4 — 108	34 — 918	4.f.	5	8		
5 — 135	35 — 945	5.f.	6	15		
6 — 162	36 — 972	6.f.	8	2		
7 — 189	37 — 999	7.f.	9	9		
8 — 216	38 — 1026	8.f.10	16			
9 — 243	39 — 1053	9.f.12	3			
10 — 270	40 — 1080	10.f.13	10			
11 — 297	41 — 1107	11.f.14	17			
12 — 324	42 — 1134	12.f.16	4			
13 — 351	43 — 1161	13.f.17	11			
14 — 378	44 — 1188	14.f.18	18			
15 — 405	45 — 1215	15.f.20	5			
16 — 432	46 — 1242	16.f.21	12			
17 — 459	47 — 1269	17.f.22	19			
18 — 486	48 — 1296	18.f.24	6			
19 — 513	49 — 1323	19.f.25	13			
20 — 540	50 — 1350	1.d —	2	3		
21 — 567	51 — 1377	2.d —	4	6		
22 — 594	52 — 1404	3.d —	6	9		
23 — 621	60 — 1620	4 d —	9	-		
24 — 648	70 — 1890	5.d —	11	3		
25 — 675	80 — 2160	6.d —	13	6		
26 — 702	90 — 2430	7.d —	15	9		
27 — 729	100 — 2700	8 d —	18	-		
28 — 756	200 — 5400	9.d 1	—	3		
29 — 783	300 — 8100	10.d 1	2	6		
30 — 810	400 — 10800	11.d 1	4	9		

Le prix de la chose à

L.				à		
1 — 28	31 — 868	à 1.f.	1	8		
2 — 56	32 — 896	2.f	2	6		
3 — 84	33 — 924	3.f	4	4		
4 — 112	34 — 952	4.f	5	12		
5 — 140	35 — 980	5.f	7	—		
6 — 168	36 — 1008	6.f	8	8		
7 — 196	37 — 1036	7.f	9	16		
8 — 224	38 — 1064	8.f 11	4			
9 — 252	39 — 1092	9.f 12	12			
10 — 280	40 — 1120	10.f 14	—			
11 — 308	41 — 1148	11.f 15	8			
12 — 336	42 — 1176	12.f 16	16			
13 — 364	43 — 1204	13.f 18	4			
14 — 392	44 — 1232	14.f 19	12			
15 — 420	45 — 1260	15.f 21	—			
16 — 448	46 — 1288	16.f 22	8	—		
17 — 476	47 — 1316	17.f 23	16			
18 — 504	48 — 1344	18.f 25	4			
19 — 532	49 — 1372	19.f 26	12			
20 — 560	50 — 1400	1.d —	2	4		
21 — 588	51 — 1428	2.d —	4	8		
22 — 616	52 — 1456	3.d —	7			
23 — 644	60 — 1680	4 d —	9	4		
24 — 672	70 — 1960	5.d —	11	8		
25 — 700	80 — 2240	6.d —	14	—		
26 — 728	90 — 2520	7.d —	16	4		
27 — 756	100 — 2800	8.d —	13	8		
28 — 784	200 — 5600	9 d	1	1		
29 — 812	300 — 8400	10.d	1	3	4	
30 — 840	400 — 11200	11.d	1	5	8	

Le prix de la chose à →

L.				ll.s.		
1 — 29	31 — 899	1.s.		1	9	
2 — 58	32 — 928	2.s		2	18	
3 — 87	33 — 957	3.s		4	7	
4 — 116	34 — 986	4.s		5	16	
5 — 145	35 — 1015	5.s		7	5	
6 — 174	36 — 1044	6.s		8	14	
7 — 203	37 — 1073	7.s	10	3	
8 — 232	38 — 1102	8.s	11	12	
9 — 261	39 — 1131	9.s	13	1	
10 — 290	40 — 1160	10.s	14	10	
11 — 319	41 — 1189	11.s	15	19	
12 — 348	42 — 1218	12.s	17	8	
13 — 377	43 — 1247	13.s	18	17	
14 — 406	44 — 1276	14.s	20	6	
15 — 435	45 — 1305	15.s	21	15	
16 — 464	46 — 1334	16.s	23	4	
17 — 493	47 — 1363	17.s	24	13	
18 — 522	48 — 1392	18.s	26	2	
19 — 551	49 — 1421	19.s	27	11	
20 — 580	50 — 1450	1.d		2	5
21 — 609	51 — 1479	2.d		4	10
22 — 638	52 — 1508	3.d		7	3
23 — 667	60 — 1740	4.d		9	8
24 — 696	70 — 2030	5.d		12	1
25 — 725	80 — 2320	6.d		14	6
26 — 754	90 — 2610	7.d		16	11
27 — 783	100 — 2900	8.d		19	4
28 — 812	200 — 5800	9.d	1	1	9
29 — 841	300 — 8700	10.d	1	4	2
30 — 870	400 — 11600	11.d	1	6	7

Le pris de la chose à

L.				à
1 — 30	31 — 930	1.f. 1	10	
2 — 60	32 — 960	2.f. 3		
3 — 90	33 — 990	3.f. 4	10	
4 — 120	34 — 1020	4.f. 6		
5 — 150	35 — 1050	5.f. 7	10	
6 — 180	36 — 1080	6.f. 9		
7 — 210	37 — 1110	7.f. 10	10	
8 — 240	38 — 1140	8.f. 12		
9 — 270	39 — 1170	9.f. 13	10	
10 — 300	40 — 1200	10.f. 15		
11 — 330	41 — 1230	11.f. 16	10	
12 — 360	42 — 1260	12.f. 18		
13 — 390	43 — 1290	13.f. 19	10	
14 — 420	44 — 1310	14.f. 21		
15 — 450	45 — 1350	15.f. 22	10	
16 — 480	46 — 1380	16.f. 24		
17 — 510	47 — 1410	17.f. 25	10	
18 — 540	48 — 1440	18.f. 27		
19 — 570	49 — 1470	19.f. 28	10	
20 — 600	50 — 1500	1.d —	2	6
21 — 650	51 — 1530	2.d —	5	
22 — 660	52 — 1560	3.d —	7	6
23 — 690	60 — 1800	4.d —	10	
24 — 720	70 — 2100	5.d —	12	6
25 — 750	80 — 2400	6.d —	15	
26 — 780	90 — 2700	7.d —	17	6
27 — 810	100 — 3000	8.d 1	—	
28 — 840	200 — 6000	9.d 1	2	6
29 — 870	300 — 9000	10.d 1	5	
30 — 900	400 — 12000	11.d 1	7	4

C 3

Le pris de la chose à				à		
L. 1 — 31	31 — 961	à 1.f.	1	1 —		
2 — 62	32 — 992	2.f.	3	2 —		
3 — 93	33 — 1023	3.f.	4	3 —		
4 — 124	34 — 1054	4.f.	6	4 —		
5 — 155	35 — 1085	5.f.	7	5 —		
6 — 186	36 — 1116	6.f.	9	6 —		
7 — 217	37 — 1147	7.f.10		17 —		
8 — 248	38 — 1178	8.f.12		8 —		
9 — 279	39 — 1209	9.f.13		19 —		
10 — 310	40 — 1240	10.f.15		10 —		
11 — 341	41 — 1271	11.f.17		1 —		
12 — 372	42 — 1302	12.f.18		12 —		
13 — 403	43 — 1333	13.f.20		3 —		
14 — 434	44 — 1364	14.f.21		14 —		
15 — 465	45 — 1395	15.f.23		5 —		
16 — 496	46 — 1426	16.f.24		16 —		
17 — 527	47 — 1457	17.f.26		7 —		
18 — 558	48 — 1488	18.f.27		18 —		
19 — 589	49 — 1519	19.f.29		9 —		
20 — 610	50 — 1550	1.d.—		2	7	
21 — 651	51 — 1581	2.d.—		5	2	
22 — 681	52 — 1612	3.d.—		7	9	
23 — 713	60 — 1860	4.d.—		10	4	
24 — 744	70 — 2170	5.d.—		12	11	
25 — 775	80 — 2480	6.d.—		15	6	
26 — 806	90 — 2790	7.d.—		18	1	
27 — 837	100 — 3100	8.d. 1			8	
28 — 868	200 — 6200	9.d. 1	3		3	
29 — 899	300 — 9300	10.d. 1	5		10	
30 — 930	400 — 12400	11.d. 1	8		5	

Le pris e la c o e à

1 — 32	31 — 992	à 1.f.	1	12	
2 — 64	32 — 1024	2.f.	3	4	
3 — 96	33 — 1056	3.f.	4	16	
4 — 128	34 — 1088	4.f.	6	8	
5 — 160	35 — 1120	5.f.	8	—	
6 — 192	36 — 1152	6.f.	9	12	
7 — 224	37 — 1184	7.f.11	4		
8 — 256	38 — 1216	8.f.12	16		
9 — 288	39 — 1248	9.f.14	8		
10 — 320	40 — 1280	10.f.16	—		
11 — 352	41 — 1312	11.f.17	12		
12 — 384	42 — 1344	12.f.19	4		
13 — 416	43 — 1376	13.f.20	16		
14 — 448	44 — 1408	14.f.22	8		
15 — 480	45 — 1440	15.f.24	—		
16 — 512	46 — 1472	16.f.25	12		
17 — 544	47 — 1504	17.f.27	4		
18 — 576	48 — 1536	18.f.28	16		
19 — 608	49 — 1568	19.f.30	8		
20 — 640	50 — 1600	1.d —	2	8	
21 — 672	51 — 1632	2.d —	5	4	
22 — 704	52 — 1664	3.d —		—	
23 — 736	60 — 1920	4.d —	10	8	
24 — 768	70 — 2240	5.d —	13	4	
25 — 800	80 — 2560	6.d —	16	—	
26 — 832	90 — 2880	7.d —	18	8	
27 — 864	100 — 3200	8.d 1	1	4	
28 — 896	200 — 6400	9.d 1	4	—	
29 — 928	300 — 9600	10.d 1	6	8	
30 — 960	400 — 12800	11.d 1	9	4	

Le pris de la chose à

L.				s./d.		
1 — 33	31 — 1023	1.ſ.	1	13		
2 — 66	32 — 1056	2.ſ.	3	6		
3 — 99	33 — 1089	3.ſ.	4	19		
4 — 132	34 — 1122	4.ſ.	6	12		
5 — 165	35 — 1155	5.ſ.	8	5		
6 — 198	36 — 1188	6.ſ.	9	18		
7 — 231	37 — 1221	7.ſ.11		11		
8 — 264	38 — 1254	8.ſ.13		4		
9 — 297	39 — 1287	9.ſ.14		17		
10 — 330	40 — 1320	10.ſ.16		10		
11 — 363	41 — 1353	11.ſ.18		3		
12 — 396	42 — 1386	12.ſ.19		16		
13 — 429	43 — 1419	13.ſ.21		9		
14 — 462	44 — 1452	14.ſ.23		2		
15 — 495	45 — 1485	15.ſ.24		15		
16 — 528	46 — 1518	16.ſ.26		8		
17 — 561	47 — 1551	17.ſ.28		1		
18 — 594	48 — 1584	18.ſ.29		14		
19 — 627	49 — 1617	19.ſ.31		7		
20 — 660	50 — 1650	1.d—		2	9	
21 — 693	51 — 1683	2.d—		5	6	
22 — 726	52 — 1716	3.d—		8	3	
23 — 759	60 — 1980	4.d—	11			
24 — 792	70 — 2310	5.d—	13	9		
25 — 825	80 — 2640	6.d—	16	6		
26 — 858	90 — 2970	7.d—	19	3		
27 — 891	100 — 3300	8.d 1	2			
28 — 924	200 — 6600	9.d 1	4	9		
29 — 957	300 — 9900	10.d 1	7	6		
30 — 990	400 — 13200	11.d 1	10	3		

Le pris à coue

				à		
1 — 34	31 — 1054	à 1.ſ.	1	14		
2 — 68	32 — 1088	2.ſ.	3	8		
3 — 102	33 — 1122	3.ſ.	5	2		
4 — 136	34 — 1156	4.ſ.	6	16		
5 — 170	35 — 1190	5.ſ.	8	10		
6 — 204	36 — 1224	6.ſ.	10	4		
7 — 238	37 — 1258	7.ſ.	11	18		
8 — 272	38 — 1292	8.ſ.	13	12		
9 — 306	39 — 1326	9.ſ.	15	6		
10 — 340	40 — 1360	10.ſ.	17	—		
11 — 374	41 — 1394	11.ſ.	18	14		
12 — 408	42 — 1428	12.ſ.	20	8		
13 — 442	43 — 1462	13.ſ.	22	2		
14 — 476	44 — 1496	14.ſ.	23	16		
15 — 510	45 — 1530	15.ſ.	25	10		
16 — 544	46 — 1564	16.ſ.	27	4		
17 — 578	47 — 1598	17.ſ.	28	18		
18 — 612	48 — 1632	18.ſ.	30	12		
19 — 646	49 — 1666	19.ſ.	32	6		
20 — 680	50 — 1700	1.d.		2	10	
21 — 714	51 — 1734	2.d.		5	8	
22 — 748	52 — 1768	3.d.		8	6	
23 — 782	60 — 2040	4.d.		11	4	
24 — 816	70 — 2380	5.d.		14	2	
25 — 850	80 — 2720	6.d.		17	—	
26 — 884	90 — 3060	7.d.		19	10	
27 — 918	100 — 3400	8.d.	1	2	8	
28 — 952	200 — 6800	9.d.	1	5	6	
29 — 986	300 — 10200	10.d.	1	8	4	
30 — 1020	400 — 13600	11.d.	1	11	2	

Le pris de la chofe à						
L. 1 —	35	31 —	1085	à 1.f	1	15
2 —	70	32 —	1120	2.f.	3	10
3 —	105	33 —	1155	3.f.	5	5
4 —	140	34 —	1190	4.f.	7	
5 —	175	35 —	1225	5.f.	8	15
6 —	210	36 —	1260	6.f.10		10
7 —	245	37 —	1295	7.f.12		5
8 —	280	38 —	1330	8.f.14		
9 —	315	39 —	1365	9.f.15		15
10 —	350	40 —	1400	10.f.17		10
11 —	385	41 —	1435	11.f.19		5
12 —	420	42 —	1470	12.f.21		
13 —	455	43 —	1505	13.f.22		15
14 —	490	44 —	1540	14.f.24		10
15 —	525	45 —	1575	15.f.26		5
16 —	560	46 —	1610	16.f.28		
17 —	595	47 —	1645	17.f.29		15
18 —	630	48 —	1680	18.f.31		10
19 —	665	49 —	1715	19.f.33		5
20 —	700	50 —	1750	1.d—		11
21 —	735	51 —	1785	2.d—		5 10
22 —	770	52 —	1820	3.d—		8 9
23 —	805	60 —	2100	4.d—		11 8
24 —	840	70 —	2450	5.d—		14 7
25 —	875	80 —	2800	6.d—		17 6
26 —	910	90 —	3150	7.d 1 —		5
27 —	945	100 —	3500	8.d 1	3	4
28 —	980	200 —	7000	9.d 1	6	3
29	1015	300 —	10500	10.d 1	9	2
30 —	1050	400 —	14000	11.d 1	12	1

Le pris de la chose à

L.				à		
1	36	31	1116	1.f.	1	16
2	72	32	1152	2.f.	3	12
3		33	1188	3.f.	5	8
4	144	34	1224	4.f.	7	4
5	180	35	1260	5.f.	9	—
6	216	36	1296	6.f.10		16
7	252	37	1332	7.f.12		12
8	288	38	1368	8.f.14		8
9	324	39	1404	9.f.16		4
10	360	40	1440	10.f.18		—
11	396	41	1476	11.f.19		16
12	432	42	1512	12.f.21		12
13	468	43	1548	13.f.23		8
14	504	44	1584	14.f.25		4
15	540	45	1620	15.f.27		
16	576	46	1656	16.f.28		16
17	612	47	1692	17.f.30		12
18	648	48	1728	18.f.32		8
19	684	49	1764	19.f.34		4
20	720	50	1800	1.d		3
21	756	51	1836	2.d		6
22	792	52	1872	3.d		9
23	828	60	2160	4.d		12
24	864	70	2520	5.d		15
25	900	80	2880	6.d		18
26	936	90	3240	7.d	1	1
27	972	100	3600	8.d	1	4
28	1008	200	7200	9.d	1	7
29	1044	300	10800	10.d	1	10
30	1080	400	14400	11.d	1	13

Le pris de la chose à

L.				à			
1 —	37	31 —	1147	à 1.f.	1	17	—
2 —	74	32 —	1184	2.f.	3	14	—
3 —	111	33 —	1221	3.f.	5	11	—
4 —	148	34 —	1258	4.f.	7	8	—
5 —	185	35 —	1295	5.f.	9	5	—
6 —	222	36 —	1332	6.f.	11	2	—
7 —	259	37 —	1369	7.f.	12	19	—
8 —	296	38 —	1406	8.f.	14	16	—
9 —	333	39 —	1443	9.f.	16	13	—
10 —	370	40 —	1480	10.f.	18	10	—
11 —	407	41 —	1517	11.f.	20	7	—
12 —	444	42 —	1554	12.f.	22	4	—
13 —	481	43 —	1591	13.f.	24	1	—
14 —	518	44 —	1628	14.f.	25	18	—
15 —	555	45 —	1665	15.f.	27	15	—
16 —	592	46 —	1701	16.f.	29	12	—
17 —	629	47 —	1739	17.f.	31	9	—
18 —	666	48 —	1776	18.f.	33	6	—
19 —	703	49 —	1813	19.f.	35	3	—
20 —	740	50 —	1850	1.d —		3	1
21 —	777	51 —	1887	2.d —		6	2
22 —	814	52 —	1914	3.d —		9	3
23 —	851	60 —	2220	4.d —		12	4
24 —	888	70 —	2590	5.d —		15	5
25 —	925	80 —	2960	6.d —		18	6
26 —	962	90 —	3330	7.d	1	1	7
27 —	999	100 —	3700	8.d	1	4	8
28 —	1036	200 —	7400	9.d	1	7	9
29 —	1073	300 —	11100	10.d	1	10	10
30 —	1110	400 —	14800	11.d	1	13	11

Le pris de la chofe à

L. 1 — 38	31 — 1178	à 1		8
2 — 76	32 — 1216	2.f.	3	16
3 — 114	33 — 1254	3.f.	5	14
4 — 152	34 — 1292	4.f.	7	12
5 — 190	35 — 1330	5.f.	9	10
6 — 228	36 — 1368	6.f. 11		8
7 — 266	37 — 1406	7.f 13		6
8 — 304	38 — 1444	8.f.15		4
9 — 342	39 — 1482	9.f.17		2
10 — 380	40 — 1520	10.f.19		—
11 — 418	41 — 1558	11.f.20	18	
12 — 456	42 — 1596	12.f.22	16	
13 — 494	43 — 1634	13.f.24	14	
14 — 532	44 — 1672	14.f.26	12	
15 — 570	45 — 1710	15.f.28	10	
16 — 608	46 — 1748	16.f.30	8	
17 — 646	47 — 1786	17.f.32	6	
18 — 684	48 — 1824	18.f.34	4	
19 — 722	49 — 1862	19.f.36	2	
20 — 760	50 — 1900	1.d —	3	2
21 — 798	51 — 1938	2.d —	6	4
22 — 836	52 — 1976	3.d —	9	6
23 — 874	60 — 2280	4.d —	12	8
24 — 912	70 — 2660	5.d —	15	10
25 — 950	80 — 3040	6.d —	19	—
26 — 988	90 — 3420	7.d 1	2	2
27 — 1026	100 — 3800	8.d 1	5	4
28 — 1064	200 — 7600	9.d 1	8	6
29 — 1102	300 — 11400	10.d 1	11	8
30 — 1140	400 — 15200	11.d 1	14	10

D

Le pris de la chose à

L.				à			
1—	39	31 —1209	à 1.f.	1	19	—	
2—	78	32 —1248	2.f.	3	18	—	
3—	117	33 —1287	3.f.	5	17	—	
4—	156	34 —1326	4.f.	7	16	—	
5—	195	35 —1365	5.f.	9	15		
6—	234	36 --1404	6.f.11		14		
7—	273	37 —1443	7.f.13		13		
8—	312	38 —1482	8.f.15		12		
9—	351	39 —1521	9.f.17		11	—	
10—	390	40 —1560	10.f.19		10		
11—	429	41 —1599	11.f.21		9	—	
12—	468	42 —1638	12.f.23		8	—	
13—	507	43 —1677	13.f.25		7		
14—	546	44 —1716	14.f.27		6		
15—	585	45 —1755	15.f.29		5		
16—	624	46 —1794	16.f.31		4		
17—	663	47 —1833	17.f.33		3		
18—	702	48 —1872	18.f.35		2		
19—	741	49 —1911	19.f.37		1	—	
20—	780	50 —1950	1.d—		3	3	
21—	819	51 —1989	2.d—		6	6	
22—	858	52 —2028	3.d—		9	9	
23—	897	60 —2340	4.d—		13	—	
24—	936	70 —2730	5.d—		16	3	
25—	975	80 —3120	6.d—		19	6	
26—	1014	90 --3510	7.d	1	2	9	
27—	1053	100 —3900	8.d	1	6	—	
28—	1092	200 —7800	9.d	1	9	3	
29—	1131	300 —11700	10.d	1	12	6	
30—	1170	400 —15600	11.d	1	15	9	

Le pris de la choſe à

L.					
1 — 40	31 — 1240	à 1.ſ. 2			
2 — 80	32 — 1280	2.ſ. 4			
3 — 120	33 — 1320	3.ſ. 6			
4 — 160	34 — 1360	4.ſ. 8			
5 — 200	35 — 1400	5.ſ. 10			
6 — 240	36 — 1440	6.ſ. 12			
7 — 280	37 — 1480	7.ſ. 14			
8 — 320	38 — 1520	8.ſ. 16			
9 — 360	39 — 1560	9.ſ. 18			
10 — 400	40 — 1600	10.ſ. 20			
11 — 440	41 — 1640	11.ſ. 22			
12 — 480	42 — 1680	12.ſ. 24			
13 — 520	43 — 1720	13.ſ. 26			
14 — 560	44 — 1760	14.ſ. 28			
15 — 600	45 — 1800	15.ſ. 30			
16 — 640	46 — 1840	16.ſ. 32			
17 — 680	47 — 1880	17.ſ. 34			
18 — 720	48 — 1920	18.ſ. 36			
19 — 760	49 — 1960	19.ſ. 38			
20 — 800	50 — 2000	1.d —		3	4
21 — 840	51 — 2040	2.d —		6	8
22 — 880	52 — 2080	3.d —		10	—
23 — 920	60 — 2400	4.d —	1	3	4
24 — 960	70 — 2800	5.d —	1	6	8
25 — 1000	80 — 3200	6.d	1	—	
26 — 1040	90 — 3600	7.d	1	3	4
27 — 1080	100 — 4000	8.d	1	6	8
28 — 1120	200 — 8000	9.d	1	10	—
29 — 1160	300 — 12000	10.d	1	13	4
30 — 1200	400 — 16000	11.d	1	16	8

Le pris de la chefe à				
L·1 — 41	31 —1271	à 1.f. 2.	1	
2 — 82	32 —1312	2.f. 4.	2	
3 — 123	33 —1353	3.f. 6.	3	
4 — 164	34 —1394	4.f. 8.	4	
5 — 205	35 —1435	5.f.10.	5	
6 — 246	36 —1476	6.f.12.	6	
7 — 287	37 —1512	7.f.14.	7	
8 — 328	38 —1558	8.f.16.	8	
9 — 369	39 —1599	9.f.18.	9	
10 — 410	40 —1640	10.f.20.	10	
11 — 451	41 —1681	11.f.22.	11	
12 — 492	42 —1722	12.f.24.	12	
13 — 533	43 —1763	13.f.26.	13	
14 — 574	44 —1804	14.f.28.	14	
15 — 615	45 —1845	15.f.30.	15	
16 — 656	46 —1886	16.f.32.	16	
17 — 697	47 —1927	17.f.34.	17	
18 — 738	48 —1968	18.f.36.	18	
19 — 779	49 —2009	19.f.38.	19	
20 — 820	50 —2050	1.d.—	3	5
21 — 861	51 —2091	2.d.—	6	10
22 — 902	52 —2132	3.d.—	10	3
23 — 943	60 —2460	4.d.—	13	8
24 — 984	70 —2870	5.d.—	17	1
25 — 1025	80 —3280	6.d. 1 —		6
26 — 1066	90 —3690	7.d. 1	3	11
27 — 1107	100 —4100	8.d. 1	7	4
28 — 1148	200 —8200	d. 1	10	9
29 — 1189	300 —12300	10.d. 1	14	2
30 — 1230	400 —16400	11.d. 1	17	7

Le pris de la chose à

L.				à		
1 — 42	31 — 1302	à 1.f.	2	2	
2 — 84	32 — 1344	2.f	4	4	
3 — 126	33 — 1386	3.f	6	6	
4 — 168	34 — 1428	4.f	8	8	
5 — 210	35 — 1470	5.f	10	10	
6 — 252	36 — 1512	6.f	12	12	
7 — 294	37 — 1554	7.f	14	14	
8 — 336	38 — 1596	8.f	16	16	
9 — 378	39 — 1638	9.f	18	18	
10 — 420	40 — 1680	10.f	21	—	
11 — 462	41 — 1722	11.f	23	2	
12 — 504	42 — 1764	12.f	25	4	
13 — 546	43 — 1806	13.f	27	6	
14 — 588	44 — 1848	14.f	29	8	
15 — 630	45 — 1890	15.f	31	10	
16 — 672	46 — 1932	16.f	33	12	—
17 — 714	47 — 1974	17.f	35	14	
18 — 756	48 — 2016	18.f	37	16	
19 — 798	49 — 2058	19.f	39	18	
20 — 840	50 — 2100	1.d —		3	6
21 — 882	51 — 2142	2.d —		7	
22 — 924	52 — 2184	3.d —		10	6
23 — 966	60 — 2520	4 d —		14	
24 — 1008	70 — 2940	5.d —		17	6
25 — 1050	80 — 3360	6.d	1	1	
26 — 1092	90 — 3780	7.d	1	4	6
27 — 1134	100 — 4200	8.d	1	8	
28 — 1176	200 — 8400	9.d	1	11	6
29 — 1218	300 — 12600	10.d	1	15	
30 — 1260	400 — 16800	11.d	1	18	6

D 3

Le prix de la chofe à				à ...		
L. 1 —	43	31 — 1333		à 1.f.	2	3
2 —	86	32 — 1376		2.f.	4	6
3 —	129	33 — 1419		3.f.	6	9
4 —	172	34 — 1462		4.f.	8	12
5 —	215	35 — 1505		5.f. 10	15	
6 —	258	36 — 1548		6.f. 12	18	
7 —	301	37 — 1591		7.f. 15	1	
8 —	344	38 — 1634		8.f. 17	4	
9 —	387	39 — 1677		9.f. 19	7	
10 —	430	40 — 1710		10.f. 21	10	
11 —	473	41 — 1763		11.f. 23	13	
12 —	516	42 — 1806		12.f. 25	16	
13 —	559	43 — 1849		13.f. 27	19	
14 —	602	44 — 1892		14.f. 30	2	
15 —	645	45 — 1935		15.f. 32	5	
16 —	688	46 — 1978		16.f. 34	8	
17 —	731	47 — 2021		17.f. 36	11	
18 —	774	48 — 2064		18.f. 38	14	
19 —	817	49 — 2107		19.f. 40	17	
20 —	860	50 — 2150		1.d. —	3	7
21 —	903	51 — 2193		2.d. —	7	2
22 —	946	52 — 2236		3.d. —	10	9
23 —	989	60 — 2580		4.d. —	14	4
24 —	1032	70 — 3010		5.d. —	17	11
25 —	1075	80 — 3440		6.d. 1	1	6
26 —	1118	90 — 3870		7.d. 1	5	1
27 —	1161	100 — 4300		8.d. 1	8	8
28 —	1204	200 — 8600		9.d. 1	12	3
29 —	1247	300 — 12900		10.d. 1	15	10
30 —	1290	400 — 17200		11.d. 1	19	5

Le pris de la chose à					
L. 1 — 44	31 — 1364	à 1.f. 2	4		
2 — 88	32 — 1408	2.f. 4	8		
3 — 132	33 — 1452	3.f. 6	12		
4 — 176	34 — 1496	4.f. 8	16		
5 — 220	35 — 1540	5.f.11	1		
6 — 264	36 — 1584	6.f.13		4	
7 — 308	37 — 1628	7.f.15		8	
8 — 352	38 — 1672	8.f.17		12	
9 — 396	39 — 1716	9.f.19		16	
10 — 440	40 — 1760	10.f.22			
11 — 484	41 — 1804	11.f.24		4	
12 — 528	42 — 1848	12.f.26		8	
13 — 572	43 — 1892	13.f.28		12	
14 — 616	44 — 1936	14.f.30		16	
15 — 660	45 — 1980	15.f.33			
16 — 704	46 — 2024	16.f.35		4	
17 — 748	47 — 2068	17.f.37		8	
18 — 792	48 — 2112	18.f.39		12	
19 — 836	49 — 2156	19.f.41		16	
20 — 880	50 — 2200	1.d —		3	8
21 — 924	51 — 2244	2.d —		7	4
22 — 968	52 — 2288	3.d —		11	
23 — 1012	60 — 2640	4.d —		14	8
24 — 1056	70 — 3080	5.d —		18	4
25 — 1100	80 — 3520	6.d	1	2	
26 — 1144	90 — 3960	7.d	1	5	8
27 — 1188	100 — 4400	8.d	1	9	4
28 — 1232	200 — 8800	9.d	1	13	
29 — 1276	300 — 13200	10.d	1	16	8
30 — 1320	400 — 17600	11.d	2		4

Le pris de la chofe à

L.						
1 — 45	31 — 1395	à1.f	2	5		
2 — 90	32 — 1440	2.f	4	10		
3 — 135	33 — 1485	3.f	6	15		
4 — 180	34 — 1530	4.f	9			
5 — 225	35 — 1575	5.f.11		5		
6 — 270	36 — 1620	6.f.13		10		
7 — 315	37 — 1665	7.f.15		15		
8 — 360	38 — 1710	8.f.18				
9 — 405	39 — 1755	9.f.20		5		
10 — 450	40 — 1800	10.f.22		10		
11 — 495	41 — 1845	11.f.24		15		
12 — 540	42 — 1890	12.f.27				
13 — 585	43 — 1935	13.f.29		5		
14 — 630	44 — 1980	14.f.31		10		
15 — 675	45 — 2025	15.f.33		15		
16 — 720	46 — 2070	16.f.36				
17 — 765	47 — 2115	17.f.38		5		
18 — 810	48 — 2160	18.f.40		10		
19 — 855	49 — 2205	19.f.42		15		
20 — 900	50 — 2250	1.d —		3	9	
21 — 945	51 — 2295	2.d —		7	6	
22 — 990	52 — 2340	3.d —		11	3	
23 — 1035	60 — 2700	4.d —		15		
24 — 1080	70 — 3150	5.d —		18	9	
25 — 1125	80 — 3600	6.d	1	2	6	
26 — 1170	90 — 4050	7.d	1	6	3	
27 — 1215	100 — 4500	8.d	1	10		
28 — 1160	200 — 9000	9.d	1	13	9	
29 — 1305	300 — 13500	10.d	1	17	6	
30 — 1350	400 — 18000	11.d	2	1	3	

Le pris de la chose à L.				à sols			à deniers		
1 — 46	31 — 1426	à 1.f.		6				
2 — 92	32 — 1472	2.f.	4	12				
3 — 138	33 — 1518	3.f.	6	18				
4 — 184	34 — 1564	4.f.	9	4				
5 — 230	35 — 1610	5.f.	11	10				
6 — 276	36 — 1656	6.f.	13	16				
7 — 322	37 — 1702	7.f.	16	2				
8 — 368	38 — 1748	8.f.	18	8				
9 — 414	39 — 1794	9.f.	20	14				
10 — 460	40 — 1840	10.f.	23	—				
11 — 506	41 — 1886	11.f.	25	6				
12 — 552	42 — 1932	12.f.	27	12				
13 — 598	43 — 1978	13.f.	29	18				
14 — 644	44 — 2024	14.f.	32	4				
15 — 690	45 — 2070	15.f.	34	10				
16 — 736	46 — 2116	16.f.	36	16				
17 — 782	47 — 2162	17.f.	39	2				
18 — 828	48 — 2208	18.f.	41	8				
19 — 874	49 — 2254	19.f.	43	14				
20 — 920	50 — 2300	1.d.		3	10			
21 — 966	51 — 2346	2.d.		7	8			
22 — 1012	52 — 2392	3.d.		11	6			
23 — 1058	60 — 2760	4.d.		15	4			
24 — 1104	70 — 3220	5.d.		19	2			
25 — 1150	80 — 3680	6.d.	1	3				
26 — 1196	90 — 4140	7.d.	1	6	10			
27 — 1242	100 — 4600	8.d.	1	10	8			
28 — 1288	200 — 9200	9.d.	1	14	6			
29 — 1334	300 — 13800	10.d.	1	18	4			
30 — 1380	400 — 18400	11.d.	2	2	2			

Le pris de la chose à

L.			
1 — 47	31 — 1457	1.f. 2 7	
2 — 94	32 — 1504	2.f. 4 14	
3 — 141	33 — 1551	3.f. 7 1	
4 — 188	34 — 1598	4.f. 9 8	
5 — 235	35 — 1645	5.f. 11 15	
6 — 282	36 — 1692	6.f. 14 2	
7 — 329	37 — 1739	7.f. 16 9	
8 — 376	38 — 1786	8.f. 18 16	
9 — 423	39 — 1833	9.f. 21 3	
10 — 470	40 — 1880	10.f. 23 10	
11 — 517	41 — 1927	11.f. 25 17	
12 — 564	42 — 1974	12.f. 28 4	
13 — 611	43 — 2021	13.f. 30 11	
14 — 658	44 — 2068	14.f. 32 18	
15 — 705	45 — 2115	15.f. 35 5	
16 — 752	46 — 2162	16.f. 37 12	
17 — 799	47 — 2209	17.f. 39 19	
18 — 846	48 — 2256	18.f. 42 6	
19 — 893	49 — 2303	19.f. 44 13	
20 — 940	50 — 2350	1.d — 3	11
21 — 987	51 — 2397	2.d — 7	10
22 — 1034	52 — 2444	3.d — 11	9
23 — 1081	60 — 2820	4.d — 15	8
24 — 1128	70 — 3290	5.d — 19	7
25 — 1175	80 — 3760	6.d 1 3	6
26 — 1222	90 — 4230	7.d 1 7	5
27 — 1269	100 — 4700	8.d 1 11	4
28 — 1316	200 — 9400	9.d 1 15	3
29 — 1363	300 — 14100	10.d 1 19	2
) — 1410	400 — 18800	11.d 2 3	1

Le pris de la chose à						
L. 1 —	48	31 — 1488	à 1.f.	2	8
2 —	96	32 — 1536	2.f.	4	16
3 —	144	33 — 1584	3.f.	7	4
4 —	192	34 — 1632	4.f.	9	12
5 —	240	35 — 1680	5.f.	12	—
6 —	288	36 — 1728	6.f.	14	8
7 —	336	37 — 1776	7.f.	16	16
8 —	384	38 — 1824	8.f.	19	4
9 —	432	39 — 1872	9.f.	21	12
10 —	480	40 — 1920	10.f.	24	—
11 —	528	41 — 1968	11.f.	26	8
12 —	576	42 — 2016	12.f.	28	16
13 —	624	43 — 2064	13.f.	31	4
14 —	672	44 — 2112	14.f.	33	12
15 —	720	45 — 2160	15.f.	36	—
16 —	768	46 — 2208	16.f.	38	8
17 —	816	47 — 2256	17.f.	40	16
18 —	864	48 — 2304	18.f.	43	4
19 —	912	49 — 2352	19.f.	45	12
20 —	960	50 — 2400	1.d —		4
21 —	1008	51 — 2448	2.d —		8
22 —	1056	52 — 2496	3.d —		12
23 —	1104	60 — 2880	4.d —		16
24 —	1152	70 — 3360	5.d	1	—
25 —	1200	80 — 3840	6.d	1	4
26 —	1248	90 — 4320	7.d	1	8
27 —	1296	100. — 4800	8.d	1	12
28 —	1344	200. — 9600	9.d	1	16
29 —	1392	300. — 14400	10.d	2	—
30 —	1440	400. — 19200	11.d	2	4

L.				à		
1 —	49	31 — 1519		à 1.f.	2	9
2 —	98	32 — 1568		2.f.	4	8
3 —	147	33 — 1617		3.f.	7	7
4 —	196	34 — 1666		4.f.	9	16
5 —	245	35 — 1715		5.f. 12	5	
6 —	294	36 — 1764		6.f. 14	14	
7 —	343	37 — 1813		7.f. 17	3	
8 —	392	38 — 1862		8.f. 19	12	
9 —	441	39 — 1911		9.f. 22	1	
10 —	490	40 — 1960		10.f. 24	10	
11 —	539	41 — 2009		11.f. 26	19	
12 —	588	42 — 2058		12.f. 29	8	
13 —	637	43 — 2107		13.f. 31	17	
14 —	686	44 — 2156		14.f. 34	6	
15 —	735	45 — 2205		15.f. 36	15	
16 —	784	46 — 2254		16.f. 39	4	
17 —	833	47 — 2303		17.f. 41	13	
18 —	882	48 — 2352		18.f. 44	2	
19 —	931	49 — 2401		19.f. 46	11	
20 —	980	50 — 2450		1.d —	4	1
21 —	1029	51 — 2499		2.d —	8	2
22 —	1078	52 — 2548		3.d —	12	3
23 —	112-	60 — 2940		4.d —	16	4
24 —	1176	70 — 3430		5.d 1	—	5
25 —	1225	80 — 3920		6.d 1	4	6
26 —	1274	90 — 4410		7.d 1	8	7
27 —	1323	100 — 4900		8.d 1	12	8
28 —	1372	200 — 9800		9.d 1	16	9
29 —	1421	300 — 14700		10.d 2	—	10
30 —	1470	400 — 19600		11.d 2	4	11

Le pris de la chose à

Le pris de la chofe à

L.				à		
1 — 50	31 — 1550	1.f.			2	10
2 — 100	32 — 1600	2.f.			5	
3 — 150	33 — 1650	3.f.			7	10
4 — 200	34 — 1700	4.f.			10	
5 — 250	35 — 1750	5.f.			12	10
6 — 300	36 — 1800	6.f.			15	
7 — 350	37 — 1850	7.f.			17	10
8 — 400	38 — 1900	8.f.			20	
9 — 450	39 — 1950	9.f.			22	10
10 — 500	40 — 2000	10.f.			25	
11 — 550	41 — 2050	11.f.			27	10
12 — 600	42 — 2100	12.f.			30	
13 — 650	43 — 2150	13.f.			32	10
14 — 700	44 — 2200	14.f.			35	
15 — 750	45 — 2250	15.f.			37	10
16 — 800	46 — 2300	16.f.			40	
17 — 850	47 — 2350	17.f.			42	10
18 — 900	48 — 2400	18.f.			45	
19 — 950	49 — 2450	19.f.			47	10
20 — 1000	50 — 2500	1.d			4	2
21 — 1050	51 — 2550	2.d			8	4
22 — 1100	52 — 2600	3.d			12	6
23 — 1150	60 — 3000	4.d			16	8
24 — 1200	70 — 3500	5.d	1			10
25 — 1250	80 — 4000	6.d	1	5		
26 — 1300	90 — 4500	7.d	1	9		2
27 — 1350	100 — 5000	8.d	1	13		4
28 — 1400	200 — 10000	9.d	1	17		6
29 — 1450	300 — 15000	10.d	2	1		8
30 — 1500	400 — 20000	11.d	2	5		10

E

Le prix de la choſe à	L.				à 1.ſ.			
	1 —	51	31 —1581		à 1.ſ.	2	11	—
	2 —	102	32 —1632		2.ſ.	5	2	—
	3 —	153	33 —1683		3.ſ.	7	13	—
	4 —	204	34 —1734		4.ſ.10		4	—
	5 —	255	35 —1785		5.ſ.12		15	—
	6 —	306	36 · 1836		6.ſ.15		6	—
	7 —	357	37 —1887		7.ſ.17		17	—
	8 —	408	38 —1938		8.ſ.20		8	—
	9 —	459	39 —1989		9.ſ.22		19	—
	10 —	510	40 —2040		10.ſ.25		10	—
	11 —	561	41 —2091		11.ſ.28		1	—
	12 —	612	42 —2142		12.ſ.30		12	—
	13 —	663	43 —2193		13.ſ.33		3	—
	14 —	714	44 —2244		14.ſ.35		14	—
	15 —	765	45 —2295		15.ſ.38		5	—
	16 —	816	46 —2346		16.ſ.40		16	—
	17 —	867	47 —2397		17.ſ.43		7	—
	18 —	918	48 —2448		18.ſ.45		18	—
	19 —	969	49 —2499		19.ſ.48		9	—
	20 —1020		50 —2550		1.d—		4	3
	21 —1071		51 —2601		2.d—		8	6
	22 —1122		52 —2652		3.d—	12		9
	23 —1173		60 —3060		4.d—	17		—
	24 —1224		70 —3570		5.d	1	1	3
	25 —1275		80 —4080		6.d	1	5	6
	26 —1326		90 —4590		7.d	1	9	9
	27 —1377		100 —5100		8.d	1	14	—
	28 —1428		200 —10200		9.d	1	18	3
	29 —1479		300 —15300		10.d	2	2	6
	30 —1530		400 —20400		11.d	2	6	9

Le pris de la chose à

L.							
1 — 52	31 — 1612	1.f. 2	12				
2 — 104	32 — 1664	2.f. 5	4				
3 — 156	33 — 1716	3.f. 7	16				
4 — 208	34 — 1768	4.f.10	8				
5 — 260	35 — 1820	5.f.13	—				
6 — 312	36 — 1872	6.f.15	12				
7 — 364	37 — 1924	7.f.18	4				
8 — 416	38 — 1976	8.f.20	16				
9 — 468	39 — 2028	9.f.23	8				
10 — 520	40 — 2080	10.f.26	—				
11 — 572	41 — 2132	11.f.28	12				
12 — 624	42 — 2184	12.f.31	4				
13 — 676	43 — 2236	13.f.33	16				
14 — 728	44 — 2288	14.f.36	8				
15 — 780	45 — 2340	15.f.39	—				
16 — 832	46 — 2392	16.f.41	12				
17 — 884	47 — 2444	17.f.44	4				
18 — 936	48 — 2496	18.f.46	16				
19 — 988	49 — 2548	19.f.49	8				
20 — 1040	50 — 2600	1.d —	4	4			
21 — 1092	51 — 2652	2.d —	8	8			
22 — 1144	52 — 2704	3.d —	13				
23 — 1196	60 — 3120	4.d —	17	4			
24 — 1248	70 — 3640	5.d 1	1	8			
25 — 1300	80 — 4160	6.d 1	6	—			
26 — 1352	90 — 4680	7.d 1	10	4			
27 — 1404	100 — 5200	8.d 1	14	8			
28 — 1456	200 — 10400	9.d 1	19	—			
29 — 1508	300 — 15600	10.d 2	3	4			
30 — 1560	400 — 20800	11.d 2	7	8			

Le pris de la choſe à						
L .1 —	53	31 — 1643	à 1.ſ.	2	13	—
à 2 —	106	32 — 1696	2.ſ.	5	6	—
3 —	159	33 — 1749	3.ſ.	7	19	—
4 —	212	34 — 1802	4.ſ.	10	12	—
5 —	265	35 — 1855	5.ſ.	13	5	—
6 —	318	36 — 1908	6.ſ.	15	18	—
7 —	371	37 — 1961	7.ſ.	18	11	—
8 —	424	38 — 2014	8.ſ.	21	4	—
9 —	477	39 — 2067	9.ſ.	23	17	—
10 —	530	40 — 2120	10.ſ.	26	10	—
11 —	583	41 — 2173	11.ſ.	29	3	—
12 —	636	42 — 2226	12.ſ.	31	16	—
13 —	689	43 — 2279	13.ſ.	34	9	—
14 —	742	44 — 2332	14.ſ.	37	2	—
15 —	795	45 — 2385	15.ſ.	39	15	—
16 —	848	46 — 2438	16.ſ.	42	8	—
17 —	901	47 — 2491	17.ſ.	45	1	—
18 —	954	48 — 2544	18.ſ.	47	14	—
19 —	1007	49 — 2597	19.ſ.	50	7	—
20 —	1060	50 — 2650	1.d —		4	5
21 —	1113	51 — 2703	2.d —		8	10
22 —	1166	52 — 2756	3.d —		13	3
23 —	1219	60 — 3180	4.d —		17	8
24 —	1272	70 — 3710	5.d	1	2	1
25 —	1325	80 — 4240	6.d	1	6	6
26 —	1378	90 — 4770	7.d	1	10	11
27 —	1431	100 — 5300	8.d	1	15	4
28 —	1484	200 — 10600	9.d	1	19	9
29 —	1537	300 — 15900	10.d	2	4	2
30 —	1590	400 — 21200	11.d	2	8	7

Le pris de la choſe à						
L. 1 — 54	31 — 1674	à 1.ſ.	2	14	
2 — 108	32 — 1728	2.ſ	5	8	
3 — 162	33 — 1782	3.ſ	8	2	
4 — 216	34 — 1836	4.ſ	10	16	
5 — 270	35 — 1890	5.ſ	13	10	
6 — 324	36 — 1944	6.ſ	16	4	
7 — 378	37 — 1998	7.ſ	18	18	
8 — 432	38 — 2052	8.ſ	21	12	
9 — 486	39 — 2106	9.ſ	24	6	
10 — 540	40 — 2160	10.ſ	27	—	
11 — 594	41 — 2214	11.ſ	29	14	
12 — 648	42 — 2268	12.ſ	32	8	
13 — 702	43 — 2322	13.ſ	35	2	
14 — 756	44 — 2376	14.ſ	37	16	
15 — 810	45 — 2430	15.ſ	40	10	
16 — 864	46 — 2484	16.ſ	43	4	
17 — 918	47 — 2538	17.ſ	45	18	
18 — 972	48 — 2592	18.ſ	48	12	
19 — 1026	49 — 2646	19.ſ	51	6	
20 — 1080	50 — 2700	1.d —		4	6
21 — 1134	51 — 2754	2.d —		9	
22 — 1188	52 — 2808	3.d —		13	6
23 — 1242	60 — 3240	4.d —		18	
24 — 1296	70 — 3780	5.d	1	2	6
25 — 1350	80 — 4320	6.d	1	7	
26 — 1404	90 — 4860	7.d	1	11	6
27 — 1458	100 — 5400	8.d	1	16	
28 — 1512	200 — 10800	9.d	2	—	6
29 — 1566	300 — 16200	10.d	2	5	
30 — 1620	400 — 21600	11.d	2	9	6

Le prix de la hcofe à

L.				à		
1 — 55	31 — 1705	à 1.f.	2	15	
2 — 110	32 — 1760	2.f.	5	10	
3 — 165	33 — 1815	3.f.	8	5	
4 — 220	34 — 1870	4.f.	11	—	
5 — 275	35 — 1925	5.f.	13	15	
6 — 330	36 — 1980	6.f.	16	10	
7 — 385	37 — 2035	7.f.	19	5	
8 — 440	38 — 2090	8.f.	22	—	
9 — 495	39 — 2145	9.f.	24	15	
10 — 550	40 — 2200	10.f.	2 -	1(	
11 — 605	41 — 2255	11.f.	30	5	
12 — 660	42 — 2310	12.f.	33	—	
13 — 715	43 — 2365	13.f.	35	15	
14 — 770	44 — 2420	14.f.	38	10	
15 — 825	45 — 2475	15.f.	41	5	
16 — 880	46 — 2530	16.f.	44	—	
17 — 935	47 — 2585	17.f.	46	15	
18 — 990	48 — 2640	18.f.	49	10	
19 — 1045	49 — 2695	19.f.	52	5	
20 — 1100	50 — 2750	1.d. —		4	7
21 — 1155	51 — 2805	2.d. —		9	2
22 — 1210	52 — 2860	3.d. —		13	9
23 — 1265	60 — 3300	4.d. —		18	4
24 — 1320	70 — 3850	5.d.	1	2	11
25 — 1375	80 — 4400	6.d.	1	7	6
26 — 1430	90 — 4950	7.d.	1	12	1
27 — 1485	100 — 5500	8.d.	1	16	8
28 — 1540	200 — 11000	9.d.	2	1	3
29 — 1595	300 — 16500	10.d.	2	5	10
30 — 1650	400 — 22000	11.d.	2	10	5

Le prix de la chofe à

L.					à		
1	56	31	1736	à 1.f.	2	16	—
2	112	32	1792	2.f.	5	12	—
3	168	33	1848	3.f.	8	8	—
4	224	34	1904	4.f.	11	4	—
5	280	35	1960	5.f.	14	—	—
6	336	36	2016	6.f.	16	16	—
7	392	37	2072	7.f.	19	12	—
8	448	38	2128	8.f.	22	8	—
9	504	39	2184	9.f	25	4	—
10	560	40	2240	10.f.	28	—	—
11	616	41	2296	11.f.	30	16	—
12	672	42	2352	12.f.	33	12	—
13	728	43	2408	13.f.	36	8	—
14	784	44	2464	14.f.	39	4	—
15	840	45	2520	15.f.	42	—	—
16	896	46	2576	16.f.	44	16	—
17	952	47	2632	17.f.	47	12	—
18	1008	48	2688	18.f.	50	8	—
19	1064	49	2744	19.f.	53	4	—
20	1120	50	2800	1.d	—	4	8
21	1176	51	2856	2.d	—	9	4
22	1232	52	2912	3.d	—	14	—
23	1288	60	3360	4.d	—	18	8
24	1344	70	3920	5.d	1	3	4
25	1400	80	4480	6.d	1	8	—
26	1456	90	5040	7.d	1	12	8
27	1512	100	5600	8.d	1	17	4
28	1568	200	11200	9.d	2	2	—
29	1624	300	16800	10.d	2	6	8
30	1680	400	22400	11.d	2	11	4

L.					
1 — 57	31 — 1767	à 1.ſ	2	17	
2 — 114	32 — 1824	2.ſ	5	14	
3 — 171	33 — 1881	3.ſ	8	11	
4 — 228	34 — 1938	4.ſ.11		8	
5 — 285	35 — 1995	5.ſ.14		5	
6 — 342	36 — 2052	6.ſ.17		2	
7 — 399	37 — 2109	7.ſ.19	19		
8 — 456	38 — 2166	8.ſ.22	16		
9 — 513	39 — 2223	9.ſ.25	13		
10 — 570	40 — 2280	10.ſ.28	10		
11 — 627	41 — 2337	11.ſ.31		7	
12 — 684	42 — 2394	12.ſ.34		4	
13 — 741	43 — 2451	13.ſ.37		1	
14 — 798	44 — 2508	14.ſ.39	18		
15 — 855	45 — 2565	15.ſ.42	15		
16 — 912	46 — 2621	16.ſ.45	12		
17 — 969	47 — 2679	17.ſ.48		9	
18 — 1026	48 — 2736	18.ſ.51		6	
19 — 1083	49 — 2793	19.ſ.54		3	
20 — 1140	50 — 2850	1.d —		4	9
21 — 1197	51 — 2907	2.d —		9	6
22 — 1254	52 — 2964	3.d —	14		3
23 — 1311	60 — 3420	4.d —	19		
24 — 1368	70 — 3990	5.d 1	3		9
25 — 1425	80 — 4560	6.d 1	8		6
26 — 1482	90 — 5130	7.d 1	13		3
27 — 1539	100 — 5700	8.d 1	18		
28 — 1596	200 — 11400	9.d 2	2		9
29 — 1653	300 — 17100	10.d 2	7		6
30 — 1710	400 — 22800	11.d 2	12		3

Le pris de la choſe à

Le pris de la cho. c'à

L.				à		
1 — 58	31 — 1798		à 1.f.	2	8	—
2 — 116	32 — 1856		2.f.	5	16	—
3 — 174	33 — 1914		3.f.	8	14	—
4 — 232	34 — 1972		4.f. 11		12	—
5 — 290	35 — 2030		5.f. 14		10	—
6 — 348	36 — 2088		6.f. 17		8	—
7 — 406	37 — 2146		7.f. 20		6	—
8 — 464	38 — 2204		8.f. 23		4	—
9 — 522	39 — 2262		9.f. 26		2	—
10 — 580	40 — 2320		10.f. 29		—	—
11 — 638	41 — 2378		11.f. 31		18	—
12 — 696	42 — 2436		12.f. 34		16	—
13 — 754	43 — 2494		13.f. 37		14	—
14 — 812	44 — 2552		14.f. 40		12	—
15 — 870	45 — 2610		15.f. 43		10	—
16 — 928	46 — 2668		16.f. 46		8	—
17 — 986	47 — 2726		17.f. 49		6	—
18 — 1044	48 — 2784		18.f. 52		4	—
19 — 1102	49 — 2842		19.f. 55		2	—
20 — 1160	50 — 2900		1.d. —		4	10
21 — 1218	51 — 2958		2.d. —		9	8
22 — 1276	52 — 3016		3.d. —		14	6
23 — 1334	60 — 3480		4.d. —		19	4
24 — 1392	70 — 4060		5.d.	1	4	2
25 — 1450	80 — 4640		6.d.	1	9	—
26 — 1508	90 — 5220		7.d.	1	13	10
27 — 1566	100 — 5800		8.d.	1	18	8
28 — 1624	200 — 11600		9.d.	2	3	6
29 — 1682	300 — 17400		10.d.	2	8	4
30 — 1740	400 — 23200		11.d.	2	13	2

Le pris de la choſe à				
L. 1 — 59	31 — 1829	1.ſ.	2 19	
2 — 118	32 — 1888	2.ſ.	5 18	
3 — 177	33 — 1947	3.ſ.	8 17	
4 — 236	34 - 2006	4.ſ.11 16		
5 — 295	35 — 2065	5.ſ.14 15		
6 — 354	36 — 2124	6.ſ.17 14		
7 — 413	37 — 2183	7.ſ.20 13		
8 — 472	38 — 2242	8.ſ.23 12		
9 — 531	39 - 2301	9.ſ.26 11		
10 — 590	40 — 2360	10.ſ.29 10		
11 — 649	41 — 2419	11.ſ.32	9	
12 — 708	42 — 2478	12.ſ.35	8	
13 — 767	43 - 2537	13.ſ.38	7	
14 — 826	44 — 2596	14.ſ.41	6	
15 — 885	45 — 2655	15.ſ.44	5	
16 — 944	46 — 2714	16.ſ.47	4	
17 — 1003	47 — 2773	17.ſ.50	3	
18 — 1062	48 — 2832	18.ſ.53	2	
19 — 1121	49 — 2891	19.ſ.56	1	
20 — 1180	50 — 2950	1.d —	4 11	
21 — 1239	51 — 3009	2.d —	9 10	
22 — 1298	52 — 3068	3.d — 14	9	
23 — 1357	60 — 3540	4.d — 19	8	
24 — 1416	70 — 4130	5.d 1	4 7	
25 — 1475	80 — 4720	6.d 1	9 6	
26 — 1534	90 - 5310	7.d 1 14	5	
27 — 1593	100 — 5900	8.d 1 19	4	
28 — 1652	200 — 11800	9.d 2	4 3	
29 — 1711	300 — 17700	10.d 2	9 2	
30 — 1770	400 — 23600	11.d 2 14	1	

L.				à		
1 —	60	31 —	1860	à 1.ſ.	3	—
2 —	120	32 —	1920	2.ſ.	6	—
3 —	180	33 —	1980	3.ſ.	9	—
4 —	240	34 —	2040	4.ſ.12		—
5 —	300	35 —	2100	5.ſ.15		—
6 —	360	36 —	2160	6.ſ.18		—
7 —	420	37 —	2220	7.ſ.21		—
8 —	480	38 —	2280	8.ſ.24		—
9 —	540	39 —	2340	9.ſ.27		—
10 —	600	40 —	2400	10.ſ.30		
11 —	660	41 —	2460	11.ſ.33		—
12 —	720	42 —	2520	12.ſ.36		—
13 —	780	43 —	2580	13.ſ.39		—
14 —	840	44 —	2640	14.ſ.42		—
15 —	900	45 —	2700	15.ſ.45		—
16 —	960	46 —	2760	16.ſ.48		—
17 —	1010	47 —	2820	17.ſ.51		—
18 —	1080	48 —	2880	18.ſ.54		—
19 —	1140	49 —	2940	19.ſ.57		—
20 —	1200	50 —	3000	1.d —		5 —
21 —	1260	51 —	3060	2.d —		10 —
22 —	1320	52 —	3120	3.d —		15 —
23 —	1380	60 —	3600	4.d	1	—
24 —	1440	70 —	4200	5.d	1	5 —
25 —	1500	80 —	4800	6.d	1	10 —
26 —	1560	90 —	5400	7.d	1	15 —
27 —	1620	100. —	6000	8.d	2	
28 —	1680	200 —	12000	9.d	2	5
29 —	1740	300 —	18000	10.d	2	10 —
30 —	1800	400 —	24000	11.d	2	15 —

Le pris de la chose à

L.				à		
1 —	61	31 — 1891	à 1.s. 3	1 —
2 —	122	32 — 1952	2.s. 6	2 —
3 —	183	33 — 2013	3.s. 9	3 —
4 —	244	34 — 2074	4.s.12	4 —
5 —	305	35 — 2135	5.s.15	5 —
6 —	366	36 — 2196	6.s.18	6 —
7 —	427	37 — 2257	7.s.21	7 —
8 —	488	38 — 2318	8.s.24	8 —
9 —	549	39 — 2379	9.s.27	9 —
10 —	610	40 — 2440	10.s.30	10 —
11 —	671	41 — 2501	11.s.33	11 —
12 —	732	42 — 2562	12.s.36	12 —
13 —	793	43 — 2623	13.s.39	13 —
14 —	854	44 — 2684	14.s.42	14 —
15 —	915	45 — 2745	15.s.45	15 —
16 —	976	46 — 2806	16.s.48	16 —
17 —	1037	47 — 2867	17.s.51	17 —
18 —	1098	48 — 2928	18.s.54	18 —
19 —	1159	49 — 2989	19.s.57	19 —
20 —	1220	50 — 3050	1.d — 5	1
21 —	1281	51 — 3111	2.d — 10	2
22 —	1342	52 — 3172	3.d — 15	3
23 —	1403	60 — 3660	4.d 1 —	4.
24 —	1464	70 — 4270	5.d 1 5	5
25 —	1525	80 — 4880	6.d 1 10	6
26 —	1586	90 — 5490	7.d 1 15	7
27 —	1647	100 — 6100	8.d 2 —	8
28 —	1708	200 — 12200	9.d 2 5	9
29 —	1769	300 — 18300	10.d 2 10	10
30 —	1830	400 — 24400	11.d 2 15	11

Le pris de la choſe à L.

L.				à		
1 — 62	31 — 1922	à 1.f.	3	2		
2 — 124	32 — 1984	2.f.	6	4		
3 — 186	33 — 2046	3.f.	9	6		
4 — 248	34 — 2108	4.f.12		8		
5 — 310	35 — 2170	5.f.15	10			
6 — 372	36 — 2232	6.f.18	12			
7 — 434	37 — 2294	7.f.21	14			
8 — 496	38 — 2356	8.f.24	16			
9 — 558	39 — 2418	9.f.27	18			
10 — 620	40 — 2480	10.f.31	—			
11 — 682	41 — 2542	11.f.34	2			
12 — 744	42 — 2604	12.f.37	4			
13 — 806	43 — 2666	13.f.40	6			
14 — 868	44 — 2728	14.f.43	8			
15 — 930	45 — 2790	15.f.46	10			
16 — 992	46 — 2852	16.f.49	12			
17 — 1054	47 — 2914	17.f.52	14			
18 — 1116	48 — 2976	18.f.55	16			
19 — 1178	49 — 3038	19.f.58	18			
20 — 1240	50 — 3100	1.d —		5	2	
21 — 1302	51 — 3162	2.d —		10	4	
22 — 1364	52 — 3224	3.d —		15	6	
23 — 1426	60 — 3720	4.d	1	—	8	
24 — 1488	70 — 4340	5.d	1	5	10	
25 — 1550	80 — 4960	6.d	1	11	—	
26 — 1612	90 — 5580	7.d	1	16	2	
27 — 1674	100 — 6200	8.d	2	1	4	
28 — 1736	200 — 12400	9.d	2	6	6	
29 — 1798	300 — 18600	10.d	2	11	8	
30 — 1860	400 — 24800	11.d	2	16	10	

F

Le prix de la choſe à					
L. 1 —	63	31 — 1953	à 1.ſ. 3	3	—
2 —	126	32 — 2016	2.ſ. 6	6	
3 —	189	33 — 2079	3.ſ. 9	9	
4 —	252	34 — 2142	4.ſ.12	12	
5 —	315	35 — 2205	5.ſ.15	15	
6 —	378	36 2268	6.ſ.18	18	
7 —	441	37 — 2331	7.ſ.22	1	
8 —	504	38 — 2394	8.ſ.25	4	
9 —	567	39 — 2457	9.ſ.28	7	
10 —	630	40 — 2520	10.ſ.31	10	—
11 —	693	41 — 2583	11.ſ.34	13	—
12 —	756	42 — 2646	12.ſ.37	16	
13 —	819	43 — 2709	13.ſ.40	19	
14 —	882	44 — 2772	14.ſ.44	2	
15 —	945	45 — 2835	15.ſ.47	5	
16 —	1008	46 — 2898	16.ſ.50	8	
17 —	1071	47 — 2961	17.ſ.53	11	
18 —	1134	48 — 3024	18.ſ.56	14	—
19 —	1197	49 — 3087	19.ſ.59	17	—
20 —	1260	50 — 3150	1.d —	5	3
21 —	1323	51 — 3213	2.d —	10	6
22 —	1386	52 — 3276	3.d —	15	9
23 —	1449	60 — 3780	4 d 1	1	—
24 —	1512	70 — 4410	5.d 1	6	3
25 —	1575	80 — 5040	6.d 1	11	6
26 —	1638	90 — 5670	7.d 1	16	9
27 —	1701	100 — 6300	8 d 2	2	—
28 —	1764	200 — 12600	9.d 2	7	3
29 —	1827	300 — 18900	10.d 2	12	6
30 —	1890	400 — 25200	11.d 2	17	9

L.							
1	64	31 — 1984	1.f.	3	4	
2	128	32 — 2048	2.f.	6	8	
3	192	33 — 2112	3.f.	9	12	
4	256	34 — 2176	4.f.12	16	
5	310	35 — 2240	5.f.16		
6	384	36 — 2304	6.f.19	4	
7	448	37 — 2368	7.f.22	8	
8	512	38 — 2432	8.f.25	12	
9	576	39 — 2496	9.f.28	16	
10	640	40 — 2560	10.f.32		
11	704	41 — 2624	11.f.35	4	
12	768	42 — 2688	12.f.38	8	
13	832	43 — 2752	13.f.41	12	
14	896	44 — 2816	14.f.44	16	
15	960	45 — 2880	15.f.48		
16	1024	46 — 2944	16.f.51	4	
17	1088	47 — 3008	17.f.54	8	
18	1152	48 — 3072	18.f.57	12	
19	1216	49 — 3136	19.f.60	16	
20	1280	50 — 3200	1.d	5	4/8
21	1344	51 — 3264	2.d	10	8
22	1408	52 — 3328	3.d	16	
23	1472	60 — 3840	4.d 1	1	4/8
24	1536	70 — 4480	5.d 1	6	8
25	1600	80 — 5120	6.d 1	12	
26	1664	90 — 5760	7.d 1	17	4/8
27	1728	100 — 6400	8.d 2	2	8
28	1792	200 — 12800	9.d 2	8	
29	1856	300 — 19200	10.d 2	13	4/8
30	1920	400 — 25600	11.d 3	18	8

Le prix de la choſe

L.				à 1.ſ.	3	5
1 — 65	31 — 2015	2.ſ.	6	10
2 — 130	32 — 2080	3.ſ.	9	15
3 — 195	33 — 2145	4.ſ.13	
4 — 260	34 — 2210	5.ſ.16	5
5 — 325	35 — 2275	6.ſ.19	10
6 — 390	36 — 2340	7.ſ.22	15
7 — 455	37 — 2405	8.ſ.26	
8 — 520	38 — 2470	9.ſ.29	5
9 — 585	39 — 2535	10.ſ.32	10
10 — 650	40 — 2600	11.ſ.35	15
11 — 715	41 — 2665	12.ſ.39	
12 — 780	42 — 2730	13.ſ.42	5
13 — 845	43 — 2795	14.ſ.45	10
14 — 910	44 — 2860	15.ſ.48	15
15 — 975	45 — 2925	16.ſ.52	
16 — 1040	46 — 2990	17.ſ.55	5
17 — 1105	47 — 3055	18.ſ.58	10
18 — 1170	48 — 3120	19.ſ.61	15
19 — 1235	49 — 3185	1.d — 5	5
20 — 1300	50 — 3250	2.d — 10	10
21 — 1365	51 — 3315	3.d — 16	3
22 — 1430	52 — 3380	4.d 1	1	8
23 — 1495	60 — 3900	5.d 1	7	1
24 — 1560	70 — 4550	6.d 1	12	6
25 — 1625	80 — 5200	7.d 1	17	11
26 — 1690	90 — 5850	8.d 2	3	4
27 — 1755	100 — 6500	9.d 2	8	9
28 — 1820	200 — 13000	10.d 2	14	2
29 — 1885	300 — 19500	11.d 2	19	7
30 — 1950	400 — 26000	

Le prix de la chose à					
L. 1 — 66	31 — 2046	à 1.f.	3	6	
2 — 132	32 — 2112	2.f	6	12	
3 — 198	33 — 2178	3.f	9	18	
4 — 264	34 — 2244	4.f	13	4	
5 — 330	35 — 2310	5.f	16	10	
6 — 396	36 — 2376	6.f	19	16	
7 — 462	37 — 2442	7.f	23	2	
8 — 528	38 — 2508	8.f	26	8	
9 — 594	39 — 2574	9.f	29	14	
10 — 660	40 — 2640	10.f	33		
11 — 726	41 — 2706	11.f	36	6	
12 — 792	42 — 2772	12.f	39	12	
13 — 858	43 — 2838	13.f	42	18	
14 — 924	44 — 2904	14.f	46	4	
15 — 990	45 — 2970	15.f	49	10	
16 — 1056	46 — 3036	16.f	52	16	
17 — 1122	47 — 3102	17.f	56	2	
18 — 1188	48 — 3168	18.f	59	8	
19 — 1254	49 — 3234	19.f	62	14	
20 — 1320	50 — 3300	1.d —		5	6
21 — 1386	51 — 3366	2.d —		11	
22 — 1452	52 — 3432	3.d —		16	6
23 — 1518	60 — 3960	4.d	1	2	
24 — 1584	70 — 4620	5.d	1	7	6
25 — 1650	80 — 5280	6.d	1	13	
26 — 1716	90 — 5940	7.d	1	18	6
27 — 1782	100 — 6600	8.d	2	4	
28 — 1848	200 — 13200	9.d	2	9	6
29 — 1914	300 — 19800	10.d	2	15	
30 — 1980	400 — 26400	11.d	3		6

L.				à		
1 — 67	31 — 2077	à 1.ſ.	3	7		
2 — 134	32 — 2144	2.ſ.	6	14		
3 — 201	33 — 2211	3.ſ.10	1			
4 — 268	34 — 2278	4.ſ.13	8			
5 — 335	35 — 2345	5.ſ.16	15			
6 — 402	36 — 2412	6.ſ.20	2			
7 — 469	37 — 2479	7.ſ.23	9			
8 — 536	38 — 2546	8.ſ.26	16			
9 — 603	39 — 2613	9.ſ.30	3			
10 — 670	40 — 2680	10.ſ.33	10			
11 — 737	41 — 2747	11.ſ.36	17			
12 — 804	42 — 2814	12.ſ.40	4			
13 — 871	43 — 2881	13.ſ.43	11			
14 — 938	44 — 2948	14.ſ.46	18			
15 — 1005	45 — 3015	15.ſ.50	5			
16 — 1072	46 — 3082	16.ſ.53	12			
17 — 1139	47 — 3149	17.ſ.56	19			
18 — 1206	48 — 3216	18.ſ60	6			
19 — 1273	49 — 3283	19.ſ.63	13			
20 — 1340	50 — 3350	1.d.—		5	7	
21 — 1407	51 — 3417	2.d.—		11	2	
22 — 1474	52 — 3484	3.d.—		16	9	
23 — 1541	60 — 4020	4.d. 1		2	4	
24 — 1608	70 — 4690	5.d. 1		7	11	
25 — 1675	80 — 5360	6.d. 1		13	6	
26 — 1742	90 — 6030	7.d. 1		19	1	
27 — 1809	100 — 6700	8.d. 2		4	8	
28 — 1876	200 — 13400	9.d. 2		10	3	
29 — 1943	300 — 20100	10.d. 2		15	10	
30 — 2010	400 — 26800	11.d. 3		1	5	

Le prix de la choſe à

Le pris de la chose à

L.				à
1 — 68	31 — 2108	à 1.ſ. 3	8 —
2 — 136	32 — 2176	2.ſ. 6	16
3 — 204	33 — 2244	3.ſ.10	4
4 — 272	34 — 2312	4.ſ.13	12
5 — 340	35 — 2380	5.ſ.17	—
6 — 408	36 — 2448	6.ſ.20	8
7 — 476	37 — 2516	7.ſ.23	16
8 — 544	38 — 2584	8.ſ.27	4
9 — 612	39 — 2652	9.ſ.30	12
10 — 680	40 — 2720	10.ſ.34	—
11 — 748	41 — 2788	11.ſ.37	8
12 — 816	42 — 2856	12.ſ.40	16
13 — 884	43 — 2924	13.ſ.44	4
14 — 952	44 — 2992	14.ſ.47	12
15 — 1020	45 — 3060	15.ſ.51	—
16 — 1088	46 — 3128	16.ſ.54	8
17 — 1156	47 — 3196	17.ſ.57	16
18 — 1224	48 — 3264	18.ſ.61	4
19 — 1292	49 — 3332	19.ſ.64	12
20 — 1360	50 — 3400	1.d —	5 8
21 — 1428	51 — 3468	2.d —	11 4
22 — 1496	52 — 3536	3.d —	17 —
23 — 1564	60 — 4080	4.d 1	2 8
24 — 1632	70 — 4760	5.d 1	8 4
25 — 1700	80 — 5440	6.d 1	14 —
26 — 1768	90 — 6120	7.d 1	19 8
27 — 1836	100 — 6800	8.d 2	5 4
28 — 1904	200 — 13600	9.d 2	11 —
29 — 1972	300 — 20400	10.d 2	16 8
30 — 2040	400 — 27200	11.d 3	2 4

L.				à 1.ſ		
1	69	31 — 2139	à 1.ſ	3	9	—
2	138	32 — 2208	2.ſ.	6	18	—
3	207	33 — 2277	3.ſ.10		7	—
4	276	34 — 2346	4.ſ.13	16		—
5	345	35 — 2415	5.ſ.17		5	—
6	414	36 — 2484	6.ſ.20	14		—
7	483	37 — 2553	7.ſ.24		3	—
8	552	38 — 2621	8.ſ.27	12		—
9	621	39 — 2691	9.ſ.31		1	—
10	690	40 — 2760	10.ſ.34	10		—
11	759	41 — 2829	11.ſ.37	19		—
12	828	42 — 2898	12.ſ.41		8	—
13	897	43 — 2967	13.ſ.44	17		—
14	966	44 — 3036	14.ſ.48		6	—
15	1035	45 — 3105	15.ſ.51	15		—
16	1104	46 — 3174	16.ſ.55		4	—
17	1173	47 — 3243	17.ſ.58	13		—
18	1242	48 — 3312	18.ſ.62		2	—
19	1311	49 — 3381	19.ſ.65	11		—
20	1380	50 — 3450	1.d —		5	9
21	1449	51 — 3519	2.d —	11		6
22	1518	52 — 3588	3.d —	17		3
23	1587	60 — 4140	4.d 1	3		—
24	1656	70 — 4830	5.d 1	8		9
25	1725	80 — 5520	6.d 1	14		6
26	1794	90 — 6210	7.d 2			3
27	1863	100 — 6900	8.d 2	6		—
28	1932	200 — 13800	9.d 2	11		9
29	2001	300 — 20700	10.d 2	17		6
30	2070	400 — 27600	11.d 3	3		3

Le pris de la chose à			à
L. 1 — 70	31 — 2170	à 1. s. 3	10
2 — 140	32 — 2240	2. s. 7	—
3 — 210	33 — 2310	3. s. 10	10
4 — 280	34 — 2380	4. s 14	—
5 — 350	35 — 2450	5. s. 17	10
6 — 420	36 — 2520	6. s. 21	—
7 — 490	37 — 2590	7. s. 24	10
8 — 560	38 — 2660	8. s. 28	—
9 — 630	39 — 2730	9. s. 31	10
10 — 700	40 — 2800	10. s. 35	—
11 — 770	41 — 2870	11. s. 38	10
12 — 840	42 — 2940	12. s. 42	—
13 — 910	43 — 3010	13. s. 45	10
14 — 980	44 — 3080	14. s. 49	—
15 — 1050	45 — 3150	15. s. 52	10
16 — 1120	46 — 3220	16. s. 56	—
17 — 1190	47 — 3290	17. s. 59	10
18 — 1260	48 — 3360	18. s. 63	—
19 — 1330	49 — 3430	19. s. 66	10
20 — 1400	50 — 3500	1. d. — 5	10
21 — 1470	51 — 3570	2. d. — 11	8
22 — 1540	52 — 3640	3. d. — 17	6
23 — 1610	60 — 4200	4. d. 1 3	4
24 — 1680	70 — 4900	5. d. 1 9	2
25 — 1750	80 — 5600	6. d. 1 15	—
26 — 1820	90 — 6300	7. d. 2 —	10
27 — 1890	100 — 7000	8. d. 2 6	8
28 — 1960	200 — 14000	9. d. 2 12	6
29 — 2030	300 — 21000	10. d. 2 18	4
30 — 2100	400 — 28000	11. d. 3 4	2

Le pris de la chofe à						
L. 1 — 71	31 — 2201	1.f.		3	11	
2 — 142	32 — 2272	2.f.		7	2	
3 — 213	33 — 2343	3.f.		10	13	
4 — 284	34 — 2414	4.f.		14	4	
5 — 355	35 — 2485	5.f.		17	15	
6 — 426	36 — 2556	6.f.		21	6	
7 — 497	37 — 2627	7.f.		24	17	
8 — 568	38 — 2698	8.f.		28	8	
9 — 639	39 — 2769	9.f.		31	19	
10 — 710	40 — 2840	10.f.		35	10	
11 — 781	41 — 2911	11.f.		39	1	
12 — 852	42 — 2982	12.f.		42	12	
13 — 923	43 — 3053	13.f.		46	3	
14 — 994	44 — 3124	14.f.		49	14	
15 — 1065	45 — 3195	15.f.		53	5	
16 — 1136	46 — 3266	16.f.		56	16	
17 — 1207	47 — 3337	17.f.		60	7	
18 — 1278	48 — 3408	18.f.		63	18	
19 — 1349	49 — 3479	19.f.		67	9	
20 — 1420	50 — 3550	1.d —		5	11	
21 — 1491	51 — 3621	2.d —		11	10	
22 — 1562	52 — 3692	3.d —		17	9	
23 — 1633	60 — 4260	4.d	1	3	8	
24 — 1704	70 — 4970	5.d	1	9	7	
25 — 1775	80 — 5680	6.d	1	15	6	
26 — 1846	90 — 6390	7.d	2	1	5	
27 — 1917	100 — 7100	8.d	2	7	4	
28 — 1988	200 — 14200	9.d	2	13	3	
29 — 2059	300 — 21300	10.d	2	19	2	
30 — 2130	400 — 28400	11.d	3	5	1	

L.				à		
1 —	72	31 — 2232		1.f.	3	12
2 —	144	32 — 2304		2.f.	7	4
3 —	216	33 — 2376		3.f.10		16
4 —	288	34 — 2448		4.f.14		8
5 —	360	35 — 2510		5.f.18		—
6 —	432	36 — 2592		6.f.21		12
7 —	504	37 — 2664		7.f.25		4
8 —	576	38 — 2736		8.f.28		16
9 —	648	39 — 2808		9.f.32		8
10 —	720	40 — 2880		10.f.36		—
11 —	792	41 — 2952		11.f.39		12
12 —	864	42 — 3024		12.f.43		4
13 —	936	43 — 3096		13.f.46		16
14 —	1008	44 — 3168		14.f.50		8
15 —	1080	45 — 3240		15.f.54		—
16 —	1152	46 — 3312		16.f.57		12
17 —	1224	47 — 3384		17.f.61		4
18 —	1296	48 — 3456		18.f.64		16
19 —	1368	49 — 3528		19.f.68		8
20 —	1440	50 — 3600		1.d		6
21 —	1512	51 — 3672		2.d		12
22 —	1584	52 — 3744		3.d		18
23 —	1656	60 — 4320		4.d	1	4
24 —	1728	70 — 5040		5.d	1	10
25 —	1800	80 — 5760		6.d	1	16
26 —	1872	90 — 6480		7.d	2	2
27 —	1944	100 — 7200		8.d	2	8
28 —	2016	200 — 14400		9.d	2	14
29 —	2088	300 — 21600		10.d	3	—
30 —	2160	400 — 28800		11.d	3	6

Le pris de la chose à

Le pris de la chose à

L.						
1 —	73	31 — 2263	à 1.f.	3	13	
2 —	146	32 — 2336	2.f.	7	6	
3 —	219	33 — 2409	3.f.10	19		
4 —	292	34 — 2482	4.f.14	12		
5 —	365	35 — 2555	5.f.18	5		
6 —	438	36 — 2628	6.f.21	18		
7 —	511	37 — 2701	7.f.25	11		
8 —	584	38 — 2774	8.f.29	4		
9 —	657	39 — 2847	9.f.32	17		
10 —	730	40 — 2920	10.f.36	10		
11 —	803	41 — 2993	11.f.40	3		
12 —	876	42 — 3066	12.f.43	16		
13 —	949	43 — 3139	13.f.47	9		
14 —	1022	44 — 3212	14.f.51	2		
15 —	1095	45 — 3285	15.f.54	15		
16 —	1168	46 — 3358	16.f.58	8		
17 —	1241	47 — 3431	17.f.62	1		
18 —	1314	48 — 3504	18.f.65	14		
19 —	1387	49 — 3577	19.f.69	7		
20 —	1460	50 — 3650	1.d —	6		1
21 —	1533	51 — 3723	2.d —	12		2
22 —	1606	52 — 3796	3.d —	18		3
23 —	1679	60 — 4380	4.d 1	4		4
24 —	1752	70 — 5110	5.d 1	10		5
25 —	1825	80 — 5840	6.d 1	16		6
26 —	1898	90 — 6570	7.d 2	2		7
27 —	1971	100 — 7300	8.d 2	8		8
28 —	2044	200 — 14600	9.d 2	14		9
29 —	2117	300 — 21900	10.d 3 —		10	
30 —	2190	400 — 29200	11.d 3	6	11	

Le pris de la chose à

L.				à		
1 — 74	31 — 2294	à 1.f.	3	14		
2 — 148	32 — 2368	2.f.	7	8		
3 — 222	33 — 2442	3.f.11	2			
4 — 296	34 — 2516	4.f.14	16			
5 — 370	35 — 2590	5.f.18	10			
6 — 444	36 — 2664	6.f.22	4			
7 — 518	37 — 2738	7.f 25	18			
8 — 592	38 — 2812	8.f.29	12			
9 — 666	39 — 2886	9.f.33	6			
10 — 740	40 — 2960	10.f.37				
11 — 814	41 — 3034	11.f.40	14			
12 — 888	42 — 3108	12.f.44	8			
13 — 962	43 — 3182	13.f.48	2			
14 — 1036	44 — 3256	14.f.51	16			
15 — 1110	45 — 3330	15.f.55	10			
16 — 1184	46 — 3404	16.f.59	4			
17 — 1258	47 — 3478	17.f.62	18			
18 — 1332	48 — 3552	18.f.66	12			
19 — 1406	49 — 3626	19.f.70	6			
20 — 1480	50 — 3700	1.d	6	2		
21 — 1554	51 — 3774	2.d	12	4		
22 — 1628	52 — 3848	3.d	18	6		
23 — 1702	60 — 4440	4.d 1	4	8		
24 — 1776	70 — 5180	5.d 1	10	10		
25 — 1850	80 — 5920	6.d 2	17			
26 — 1914	90 — 6660	7.d 2	3	2		
27 — 1998	100 — 7400	8.d 2	9	4		
28 — 2072	200 — 14800	9.d 2	15	6		
29 — 2146	300 — 22200	10.d 3	1	8		
30 — 2220	400 — 29600	11.d 3	7	10		

G

Le prix de la choſe à

L.				à 1.ſ.	3	15
1 — 75	31 — 2325			2.ſ.	7	10
2 — 150	32 — 2400			3.ſ.11	5	
3 — 225	33 — 2475			4.ſ.15		
4 — 300	34 — 2550			5.ſ.18	15	
5 — 375	35 — 2625			6.ſ.22	10	
6 — 450	36 — 2700			7.ſ.26	5	
7 — 525	37 — 2775			8.ſ.30		
8 — 600	38 — 2850			9.ſ.33	15	
9 — 675	39 — 2925			10.ſ.37	10	
10 — 750	40 — 3000			11.ſ.41	5	
11 — 825	41 — 3075			12.ſ.45		
12 — 900	42 — 3150			13.ſ.48	15	
13 — 975	43 — 3225			14.ſ.52	10	
14 — 1050	44 — 3300			15.ſ.56	5	
15 — 1125	45 — 3375			16.ſ.60	—	
16 — 1200	46 — 3450			17.ſ.63	15	
17 — 1275	47 — 3525			18.ſ.67	10	
18 — 1350	48 — 3600			19.ſ.71	5	
19 — 1425	49 — 3675			1.d —	6	3
20 — 1500	50 — 3750			2.d —	12	6
21 — 1575	51 — 3825			3.d —	18	9
22 — 1650	52 — 3900			4.d 1	5	—
23 — 1725	60 — 4500			5.d 1	11	3
24 — 1800	70 — 5250			6.d 1	17	6
25 — 1875	80 — 6000			7.d 2	3	9
26 — 1950	90 — 6750			8 d 2	10	—
27 — 2025	100 — 7500			9.d 2	16	3
28 — 2100	200 — 15000			10.d 3	2	6
29 — 2175	300 — 22500			11.d 3	8	9
30 — 2250	400 — 30000					

Le pris de la chose à L.							
1	76	31	2356	à 1.s.	3	16	
2	152	32	2432	2.s	7	12	
3	228	33	2508	3.s	11	8	
4	304	34	2584	4.s	15	4	
5	380	35	2660	5.s	19	—	
6	456	36	2736	6.s	22	16	
7	532	37	2812	7.s	26	12	
8	608	38	2888	8.s	30	8	
9	684	39	2964	9.s	34	4	
10	760	40	3040	10.s	38	—	
11	836	41	3116	11.s	41	16	
12	912	42	3192	12.s	45	12	
13	988	43	3268	13.s	49	8	
14	1064	44	3344	14.s	53	4	
15	1140	45	3420	15.s	57	—	
16	1216	46	3496	16.s	60	16	
17	1292	47	3572	17.s	64	12	
18	1368	48	3648	18.s	68	8	
19	1444	49	3724	19.s	72	4	
20	1520	50	3800	1.d	6	4	
21	1596	51	3876	2.d	12	8	
22	1672	52	3952	3.d	19	—	
23	1748	60	4560	4.d	1	5	4
24	1824	70	5320	5.d	1	11	8
25	1900	80	6080	6.d	1	18	—
26	1976	90	6840	7.d	2	4	4
27	2052	100	7600	8.d	2	10	8
28	2128	200	15200	9.d	2	17	—
29	2204	300	22800	10.d	3	3	4
30	2280	400	30400	11.d	3	9	8

Le prix de la chose				à 1.s.	3	17	—
L. 1 — 77	31 — 2387			2.s.	7	14	—
2 — 154	32 — 2464			3.s.	11	11	
3 — 231	33 — 2541			4.s.	15	8	—
4 — 308	34 — 2618			5.s.	19	5	
5 — 385	35 — 2695			6.s.	23	2	
6 — 462	36 — 2772			7.s.	26	19	
7 — 539	37 — 2849			8.s.	30	16	—
8 — 616	38 — 2926			9.s.	34	13	
9 — 693	39 — 3003			10.s.	38	10	
10 — 770	40 — 3080			11.s.	42	7	
11 — 847	41 — 3157			12.s.	46	4	
12 — 924	42 — 3234			13.s.	50	1	
13 — 1001	43 — 3311			14.s.	53	18	
14 — 1078	44 — 3388			15.s.	57	15	
15 — 1155	45 — 3465			16.s.	61	12	
16 — 1232	46 — 3542			17.s.	65	9	
17 — 1309	47 — 3619			18.s.	69	6	
18 — 1386	48 — 3696			19.s.	73	3	
19 — 1463	49 — 3773			1.d	—	6	
20 — 1540	50 — 3850			2.d	12		5
21 — 1617	51 — 3927			3.d	19		10
22 — 1694	52 — 4004			4.d 1	5		3
23 — 1771	60 — 4620			5.d 1	12		8
24 — 1848	70 — 5390			6.d 1	18		1
25 — 1925	80 — 6160			7.d 2	4		6
26 — 2002	90 — 6930			8.d 2	11		11
27 — 2079	100 — 7700			9.d 2	17		4
28 — 2156	200 — 15400			10.d 3	4		9
29 — 2233	300 — 23100			11.d 3	10		2
30 — 2310	400 — 30800						7

.1 — 78	31 — 2418	1.ſ 3 18 —
2 — 156	32 — 2496	2.ſ 7 16 —
3 — 234	33 — 2574	3.ſ 11 14 —
4 — 312	34 — 2652	4.ſ 15 12 —
5 — 390	35 — 2730	5.ſ 19 10 —
6 — 468	36 — 2808	6.ſ 23 8 —
7 — 546	37 — 2886	7.ſ 27 6 —
8 — 624	38 — 2964	8.ſ 31 4 —
9 — 702	39 — 3042	9.ſ 35 2 —
10 — 780	40 — 3120	10.ſ 39 — —
11 — 858	41 — 3198	11.ſ 42 18 —
12 — 936	42 — 3276	12.ſ 46 16 —
13 — 1014	43 — 3354	13.ſ 50 14 —
14 — 1092	44 — 3432	14.ſ 54 12 —
15 — 1170	45 — 3510	15.ſ 58 10 —
16 — 1248	46 — 3588	16.ſ 62 8 —
17 — 1326	47 — 3666	17.ſ 66 6 —
18 — 1404	48 — 3744	18.ſ 70 4 —
19 — 1482	49 — 3822	19.ſ 74 2 —
20 — 1560	50 — 3900	1.d — 6 6
21 — 1638	51 — 3978	2.d — 13 —
22 — 1716	52 — 4056	3.d — 19 6
23 — 1794	60 — 4680	4.d 1 6 —
24 — 1872	70 — 5460	5.d 1 12 6
25 — 1950	80 — 6240	6.d 1 19 —
26 — 2028	90 — 7020	7.d 2 5 6
27 — 2106	100 — 7800	8.d 2 12 —
28 — 2184	200 — 15600	9.d 2 18 6
29 — 2262	300 — 23400	10.d 3 5 —
30 — 2340	400 — 31200	11.d 3 11 6

G 3

L.				à		
1	79	31	2449	1.s.	3	19
2	158	32	2528	2.s.	7	18
3	237	33	2607	3.s. 11		17
4	316	34	2686	4.s. 15		16
5	395	35	2765	5.s. 19		15
6	474	36	2844	6.s. 23		14
7	553	37	2923	7.s. 27		13
8	632	38	3002	8.s. 31		12
9	711	39	3081	9.s. 35		11
10	790	40	3160	10.s. 39		10
11	869	41	3239	11.s. 43		9
12	948	42	3318	12.s. 47		8
13	1027	43	3397	13.s. 51		
14	1106	44	3476	14.s. 55		6
15	1185	45	3555	15.s. 59		5
16	1264	46	3634	16.s. 63		4
17	1343	47	3713	17.s. 67		3
18	1422	48	3792	18.s. 71		2
19	1501	49	3871	19.s. 75		1
20	1580	50	3950	1.d. —	6	7
21	1659	51	4029	2.d. —	3	2
22	1738	52	4108	3.d.	19	9
23	1817	60	4740	4.d. 1	6	4
24	1896	70	5530	5.d. 1	12	11
25	1975	80	6320	6.d. 1	19	6
26	2054	90	7110	7.d. 2	6	1
27	2133	100	7900	8.d. 2	12	8
28	2212	200	15800	9.d. 2	19	3
29	2291	300	23700	10.d. 3	5	10
30	2370	400	31600	11.d. 3	12	5

Le pris d'aucoc			à		
1 — 80	31 — 2480	à 1.f. 4	—		
2 — 160	32 — 2560	2.f. 8	—		
3 — 240	33 — 2640	3.f.12	—		
4 — 320	34 — 2720	4.f.16	—		
5 — 400	35 — 2800	5.f.20	—		
6 — 480	36 — 2880	6.f.24	—		
7 — 560	37 — 2960	7.f.28	—		
8 — 640	38 — 3040	8.f.32	—		
9 — 720	39 — 3120	9.f.36	—		
10 — 800	40 — 3200	10.f 40	—		
11 — 880	41 — 3280	11.f.44	—		
12 — 960	42 — 3360	12.f.48	—		
13 — 1040	43 — 3440	13.f.52	—		
14 — 1120	44 — 3520	14.f.56	—		
15 — 1200	45 — 3600	15.f.60	—		
16 — 1280	46 — 3680	16.f.64	—		
17 — 1360	47 — 3760	17.f.68	—		
18 — 1440	48 — 3840	18.f.72	—		
19 — 1520	49 — 3920	19.f.76	—		
20 — 1600	50 — 4000	1.d —		6	8
21 — 1680	51 — 4080	2.d —		13	4
22 — 1760	52 — 4160	3.d 1	—		
23 — 1840	60 — 4800	4.d 1		6	8
24 — 1920	70 — 5600	5.d 1		13	4
25 — 2000	80 — 6400	6.d 2	—		
26 — 2080	90 — 7200	7.d 2		6	8
27 — 2160	100 — 8000	8.d 2		13	4
28 — 2240	200 — 16000	9.d 3	—		
29 — 2320	300 — 24000	10.d 3		6	8
30 — 2400	400 — 32000	11.d 3		13	4

Le pris de la choſe à					
L. 1 — 81	31 — 2511	à 1.ſ 4	1 —		
2 — 162	32 — 2592	2.ſ 8	2 —		
3 — 243	33 — 2673	3.ſ 12	3 —		
4 — 324	34 — 2754	4.ſ 16	4 —		
5 — 405	35 — 2835	5.ſ 20	5 —		
6 — 486	36 — 2916	6.ſ 24	6 —		
7 — 567	37 — 2997	7.ſ 28	7 —		
8 — 648	38 — 3078	8.ſ 32	8 —		
9 — 729	39 — 3159	9.ſ 36	9 —		
10 — 810	40 — 3240	10.ſ 40	10 —		
11 — 891	41 — 3321	11.ſ 44	11 —		
12 — 972	42 — 3402	12.ſ 48	12 —		
13 — 1053	43 — 3483	13.ſ 52	13 —		
14 — 1134	44 — 3564	14.ſ 56	14 —		
15 — 1215	45 — 3645	15.ſ 60	15 —		
16 — 1296	46 — 3726	16.ſ 64	16 —		
17 — 1377	47 — 3807	17.ſ 68	17 —		
18 — 1458	48 — 3888	18.ſ 72	18 —		
19 — 1539	49 — 3969	19.ſ 76	19 —		
20 — 1620	50 — 4050	1.d —	6		9
21 — 1701	51 — 4131	2.d —	13		6
22 — 1782	52 — 4212	3.d 1 —			3
23 — 1863	60 — 4860	4.d 1	7 —		
24 — 1944	70 — 5670	5.d 1	13		9
25 — 2025	80 — 6480	6.d 2 —			6
26 — 2106	90 — 7290	7.d 2	7		3
27 — 2187	100 — 8100	8.d 2	14		
28 — 2268	200 — 16200	9.d 3 —			3
29 — 2349	300 — 24300	10.d 3	7		6
30 — 2430	400 — 32400	11.d 3	14		3

Le pris de la chose à 10 ca

L.				à			
1 — 82	31 — 2542	à 1.s. 4	2	—
2 — 164	32 — 2624	2.s. 8	4	—
3 — 246	33 — 2706	3.s.12	6	—
4 — 328	34 — 2788	4.s.16	8	—
5 — 410	35 — 2870	5.s.20	10	—
6 — 492	36 — 2952	6.s.24	12	—
7 — 574	37 — 3034	7.s.28	14	—
8 — 656	38 — 3116	8.s.32	16	—
9 — 738	39 — 3198	9.s.36	18	—
10 — 820	40 — 3280	10.s.41	—	—
11 — 902	41 — 3362	11.s.45	2	—
12 — 984	42 — 3444	12.s.49	4	—
13 — 1066	43 — 3526	13.s.53	6	—
14 — 1148	44 — 3608	14.s.57	8	—
15 — 1230	45 — 3690	15.s.61	10	—
16 — 1312	46 — 3772	16.s.65	12	—
17 — 1394	47 — 3854	17.s.69	14	—
18 — 1476	48 — 3936	18.s.73	16	—
19 — 1558	49 — 4018	19.s.77	18	—
20 — 1640	50 — 4100	1.d. —	6	10
21 — 1722	51 — 4182	2.d. —	13	8
22 — 1804	52 — 4264	3.d. 1	—	6
23 — 1886	60 — 4920	4.d. 1	7	4
24 — 1968	70 — 5740	5.d. 1	14	2
25 — 2050	80 — 6560	6.d. 2	1	—
26 — 2132	90 — 7380	7.d. 2	7	10
27 — 2214	100 — 8200	8.d. 2	14	8
28 — 2296	200 — 16400	9.d. 3	1	6
29 — 2378	300 — 24600	10.d. 3	8	4
30 — 2460	400 — 32800	11.d. 3	15	2

Le prix de la chose à

L.						
1 — 83	31 — 2573	1.f. 4	3			
2 — 166	32 — 2656	2.f. 8	6			
3 — 249	33 — 2739	3.f. 12	9			
4 — 332	34 — 2822	4.f. 16	12			
5 — 415	35 — 2905	5.f. 20	15			
6 — 498	36 — 2988	6.f. 24	18			
7 — 581	37 — 3071	7.f. 29	1			
8 — 664	38 — 3154	8.f. 33	4			
9 — 747	39 — 3237	9.f. 37	7			
10 — 830	40 — 3320	10.f. 41	10			
11 — 913	41 — 3403	11.f. 45	13			
12 — 996	42 — 3486	12.f. 49	16			
13 — 1079	43 — 3569	13.f. 53	19			
14 — 1162	44 — 3652	14.f. 58	2			
15 — 1245	45 — 3735	15.f. 62	5			
16 — 1328	46 — 3818	16.f. 66	8			
17 — 1411	47 — 3901	17.f. 70	11			
18 — 1494	48 — 3984	18.f. 74	14			
19 — 1577	49 — 4067	19.f. 78	17			
20 — 1660	50 — 4150	1.d —	6	11		
21 — 1743	51 — 4233	2.d —	13	10		
22 — 1826	52 — 4316	3.d 1 —		9		
23 — 1909	60 — 4980	4.d 1	7	8		
24 — 1992	70 — 5810	5.d 1	14	7		
25 — 2075	80 — 6640	6.d 2	1	6		
26 — 2158	90 — 7470	7.d 2	8	5		
27 — 2241	100 — 8300	8.d 2	15	4		
28 — 2324	200 — 16600	9.d 3	2	3		
29 — 2407	300 — 24900	10.d 3	9	2		
30 — 2490	400 — 33200	11.d 3	16	1		

L.				à		
1 —	84	31 —	2604	1.ſ. 4	4	
2 —	168	32 —	2688	2.ſ. 8	8	
3 —	252	33 —	2772	3.ſ.12	12	
4 —	336	34 —	2856	4.ſ.16	16	
5 —	420	35 —	2940	5.ſ.21	—	
6 —	504	36 —	3024	6.ſ.25	4	
7 —	588	37 —	3108	7.ſ.29	8	
8 —	672	38 —	3192	8.ſ.33	12	
9 —	756	39 —	3276	9.ſ.37	16	
10 —	840	40 —	3360	10.ſ.42	—	
11 —	924	41 —	3444	11.ſ.46	4	
12 —	1008	42 —	3528	12.ſ.50	8	
13 —	1092	43 —	3612	13.ſ.54	12	
14 —	1176	44 —	3696	14.ſ.58	16	
15 —	1260	45 —	3780	15.ſ.63	—	
16 —	1344	46 —	3864	16.ſ.67	4	
17 —	1428	47 —	3948	17.ſ.71	8	
18 —	1512	48 —	4032	18.ſ.75	12	
19 —	1596	49 —	4116	19.ſ.79	16	
20 —	1680	50 —	4200	1.d —	7	
21 —	1764	51 —	4284	2.d —	14	
22 —	1848	52 —	4368	3.d 1	1	
23 —	1932	60 —	5040	4.d 1	8	
24 —	2016	70 —	5880	5.d 1	15	
25 —	2100	80 —	6720	6.d 2	2	
26 —	2184	90 —	7560	7.d 2	9	
27 —	2268	100. —	8400	8.d 2	16	
28 —	2352	200 —	16800	9.d 3	3	
29 —	2436	300 —	25200	10.d 3	10	
30 —	2520	400 —	33600	11.d 3	17	

Le pris de la chose				à		
L. 1 — 85	31 — 2635	à 1.f.	4	5	—
2 — 170	32 — 2720	2.f.	8	10	—
3 — 255	33 — 2805	3.f. 12	15	—
4 — 340	34 — 2890	4.f. 17	—
5 — 425	35 — 2975	5.f. 21	5
6 — 510	36 — 3060	6.f. 25	10	—
7 — 595	37 — 3145	7.f. 29	15
8 — 680	38 — 3230	8.f. 34	—
9 — 765	39 — 3315	9.f. 38	5	—
10 — 850	40 — 3400	10.f. 42	10	—
11 — 935	41 — 3485	11.f. 46	15	—
12 — 1020	42 — 3570	12.f. 51
13 — 1105	43 — 3655	13.f. 55	5
14 — 1190	44 — 3740	14.f. 59	10
15 — 1275	45 — 3825	15.f. 63	15
16 — 1360	46 — 3910	16.f. 68	—
17 — 1445	47 — 3995	17.f. 72	5
18 — 1530	48 — 4080	18.f. 76	10
19 — 1611	49 — 4165	19.f. 80	15
20 — 1700	50 — 4250	1.d —	7	1
21 — 1785	51 — 4335	2.d —	14	2
22 — 1870	52 — 4420	3.d 1	1	3
23 — 1955	60 — 5100	4.d 1	8	4
24 — 2040	70 — 5950	5.d 1	15	5
25 — 2125	80 — 6800	6.d 2	2	6
26 — 2210	90 — 7650	7.d 2	9	7
27 — 2295	100 — 8500	8.d 2	16	8
28 — 2380	200 — 17000	9.d 3	3	9
29 — 2465	300 — 25500	10.d 3	10	10
30 — 2550	400 — 34000	11.d 3	17	11

Le pris de la chose à

L.				à			
1 — 86	31 — 2666	à 1.f.		4	6
2 — 172	32 — 2752	2.f.		8	12
3 — 258	33 — 2838	3.f.	12	18
4 — 344	34 — 2924	4.f.	17	4
5 — 430	35 — 3010	5.f.	21	10
6 — 516	36 — 3096	6.f.	25	16
7 — 602	37 — 3182	7.f.	30	2
8 — 688	38 — 3268	8.f.	34	8
9 — 774	39 — 3354	9.f.	38	14
10 — 860	40 — 3440	10.f.	43	—
11 — 946	41 — 3526	11.f.	47	6
12 — 1032	42 — 3612	12.f.	51	12
13 — 1118	43 — 3698	13.f.	55	18
14 — 1204	44 — 3784	14.f.	60	4
15 — 1290	45 — 3870	15.f.	64	10
16 — 1376	46 — 3956	16.f.	68	16
17 — 1462	47 — 4042	17.f.	73	2
18 — 1548	48 — 4128	18.f.	77	8
19 — 1634	49 — 4214	19.f.	81	14
20 — 1720	50 — 4300	1·d —		7	2
21 — 1806	51 — 4386	2.d —		14	4
22 — 1892	52 — 4472	3.d	1	1	6
23 — 1978	60 — 5160	4.d	1	8	8
24 — 2064	70 — 6020	5.d	1	15	10
25 — 2150	80 — 6880	6.d	2	3	—
26 — 2236	90 — 7740	7.d	2	10	2
27 — 2322	100 — 8600	8.d	2	17	4
28 — 2408	200 — 17200	9.d	3	4	6
29 — 2494	300 — 25800	10.d	3	11	8
30 — 2580	400 — 34400	11.d	3	18	10

Le prix de la chofe à					
L. 1 — 87	31 — 1697	à 1.l.	4	7	—
2 — 174	32 — 2784	2.f.	8	14	—
3 — 261	33 — 2871	3.f.13	1		
4 — 348	34 — 2958	4.f.17	8		
5 — 435	35 — 3045	5.f.21	15		
6 — 522	36 — 3132	6.f.26	2		
7 — 609	37 — 3219	7.f.30	9		
8 — 696	38 — 3306	8.f.34	16		
9 — 783	39 — 3393	9.f.39	3		
10 — 870	40 — 3480	10.f.43	10		
11 — 957	41 — 3567	11.f.47	17		
12 — 1044	42 — 3654	12.f.52	4		
13 — 1131	43 — 3741	13.f.56	11		
14 — 1218	44 — 3828	14.f.60	18		
15 — 1305	45 — 3915	15.f.65	5		
16 — 1392	46 — 4002	16.f.69	12		
17 — 1479	47 — 4089	17.f.73	19		
18 — 1566	48 — 4176	18.f.78	6		
19 — 1653	49 — 4263	19.f.82	13	—	
20 — 1740	50 — 4350	1.d —	7		3
21 — 1827	51 — 4437	2.d —	14		6
22 — 1914	52 — 4524	3.d :	1		9
23 — 2001	60 — 5220	4.d	1	9	
24 — 2088	70 — 6090	5.d	1	16	3
25 — 2175	80 — 6960	6.d	2	3	6
26 — 2262	90 — 7830	7.d	2	10	9
27 — 2349	100 — 8700	8.d	2	18	
28 — 2436	200 — 17400	9.d	3	5	3
29 — 2523	300 — 26100	10.d	3	12	6
30 — 2610	400 — 34800	11.d	3	19	9

Le pris de la choſe à

L.								
1 — 88	31 — 2728	à 1.ſ.	4	8		
2 — 176	32 — 2816	2.ſ.	8	16		
3 — 264	33 — 2904	3.ſ.13	4		
4 — 352	34 — 2992	4.ſ.17	12		
5 — 440	35 — 3080	5.ſ.22	—		
6 — 528	36 — 3168	6.ſ.26	8		
7 — 616	37 — 3256	7.ſ.30	16		
8 — 704	38 — 3344	8.ſ.35	4		
9 — 792	39 — 3432	9.ſ.39	12		
10 — 880	40 — 3520	10.ſ.44	—		
11 — 968	41 — 3608	11.ſ.48	8		
12 — 1056	42 — 3696	12.ſ.52	16		
13 — 1144	43 — 3784	13.ſ.57	4		
14 — 1232	44 — 3872	14.ſ.61	12		
15 — 1320	45 — 3960	15.ſ.66	—		
16 — 1408	46 — 4048	16.ſ.70	8		
17 — 1496	47 — 4136	17.ſ.74	16		
18 — 1584	48 — 4224	18.ſ.79	4		
19 — 1672	49 — 4312	19.ſ.83	12		
20 — 1760	50 — 4400	1.d —	7	4
21 — 1848	51 — 4488	2.d —	14	8
22 — 1936	52 — 4576	3.d 1	2	—
23 — 2024	60 — 5280	4.d 1	9	4
24 — 2112	70 — 6160	5.d 1	16	8
25 — 2200	80 — 7040	6.d 2	4	—
26 — 2288	90 — 7920	7.d 2	11	4
27 — 2376	100 — 8800	8.d 2	18	8
28 — 2464	200 — 17600	9.d 3	6	—
29 — 2552	300 — 26400	10.d 3	13	4
30 — 2640	400 — 35200	11.d 4	—	8

Le pris de la choſe à						
L. 1 — 89	31 — 2759	à 1.ſ.		4	9	
2 — 178	32 — 2848	2.ſ.		8	18	
3 — 267	33 — 2937	3.ſ.		13	7	
4 — 356	34 — 3026	4.ſ.		17	16	
5 — 445	35 — 3115	5.ſ.		22	5	
6 — 534	36 — 3204	6.ſ.		26	14	
7 — 623	37 — 3293	7.ſ.		31	3	
8 — 712	38 — 3382	8.ſ.		35	12	
9 — 801	39 — 3471	9.ſ.		40	1	
10 — 890	40 — 3560	10.ſ.		44	10	
11 — 979	41 — 3649	11.ſ.		48	19	
12 — 1068	42 — 3738	12.ſ.		53	8	
13 — 1157	43 — 3827	13.ſ.		57	17	
14 — 1246	44 — 3916	14.ſ.		62	6	
15 — 1335	45 — 4005	15.ſ.		66	15	
16 — 1424	46 — 4094	16.ſ.		71	4	
17 — 1513	47 — 4183	17.ſ.		75	13	
18 — 1602	48 — 4272	18.ſ.		80	2	
19 — 1691	49 — 4361	19.ſ.		84	11	
20 — 1780	50 — 4450	1.d			7	5
21 — 1869	51 — 4539	2.d			14	10
22 — 1958	52 — 4628	3.d	1	2	3
23 — 2047	60 — 5340	4.d	1	9	8
24 — 2136	70 — 6230	5.d	1	17	1
25 — 2225	80 — 7120	6.d	2	4	6
26 — 2314	90 — 8010	7.d	2	11	11
27 — 2403	100 — 8900	8.d	2	19	4
28 — 2492	200 — 17800	9.d	3	6	9
29 — 2581	300 — 26700	10.d	3	14	2
30 — 2670	400 — 35600	11.d	4	1	7

Le pris de la chose à

L.

1 — 90	31 — 2790	1.s. 4	10			
2 — 180	32 — 2880	2.s. 9	—			
3 — 270	33 — 2970	3.s.13	10			
4 — 360	34 — 3060	4.s.18	—			
5 — 450	35 — 3150	5.s.22	10			
6 — 540	36 — 3240	6.s.27	—			
7 — 630	37 — 3330	7.s.31	10			
8 — 720	38 — 3420	8.s.36	—			
9 — 810	39 — 3510	9.s.40	10			
10 — 900	40 — 3600	10.s.45	—			
11 — 990	41 — 3690	11.s.49	10			
12 — 1080	42 — 3780	12.s.54	—			
13 — 1170	43 — 3870	13.s.58	10			
14 — 1260	44 — 3960	14.s.63	—			
15 — 1350	45 — 4050	15.s.67	10			
16 — 1440	46 — 4140	16.s.72	—			
17 — 1530	47 — 4230	17.s.76	10			
18 — 1620	48 — 4320	18.s.81	—			
19 — 1710	49 — 4410	19.s.85	10			
20 — 1800	50 — 4500	1.d			7	6
21 — 1890	51 — 4590	2.d		15		
22 — 1980	52 — 4680	3.d	1	2	6	
23 — 2070	60 — 5400	4.d	1	10	—	
24 — 2160	70 — 6300	5.d	1	17	6	
25 — 2250	80 — 7200	6.d	2	5		
26 — 2340	90 — 8100	7.d	2	12	6	
27 — 2430	100 — 9000	8.d	3			
28 — 2520	200 — 18000	9.d	3	7	6	
29 — 2610	300 — 27000	10.d	3	15	—	
30 — 2700	400 — 36000	11.d	4	2	6	

H 3

Le prix de la choſe à

L.				à			
1 — 91	31 — 2821	1.ſ.	4	11	—		
2 — 182	32 — 2912	2.ſ.	9	2	—		
3 — 273	33 — 3003	3.ſ. 13	13	—			
4 — 364	34 — 3094	4.ſ. 18	4	—			
5 — 455	35 — 3185	5.ſ. 22	15	—			
6 — 546	36 — 3276	6.ſ. 27	6	—			
7 — 637	37 — 3367	7.ſ. 31	17	—			
8 — 728	38 — 3458	8.ſ. 36	8	—			
9 — 819	39 — 3549	9.ſ. 40	19	—			
10 — 910	40 — 3640	10.ſ. 45	10	—			
11 — 1001	41 — 3731	11.ſ. 50	1	—			
12 — 1092	42 — 3822	12.ſ. 54	12	—			
13 — 1183	43 — 3913	13.ſ. 59	3	—			
14 — 1274	44 — 4004	14.ſ. 64	14	—			
15 — 1365	45 — 4095	15.ſ. 68	5	—			
16 — 1456	46 — 4186	16.ſ. 72	16	—			
17 — 1547	47 — 4277	17.ſ. 77	-	—			
18 — 1638	48 — 4368	18.ſ. 81	18	—			
19 — 1729	49 — 4459	19.ſ. 86	9	—			
20 — 1820	50 — 4550	1.d. —	7	7			
21 — 1911	51 — 4641	2.d. —	15	2			
22 — 2002	52 — 4732	3.d. 1	2	9			
23 — 2093	60 — 5460	4.d. 1	10	4			
24 — 2184	70 — 6370	5.d. 1	17	11			
25 — 2275	80 — 7280	6.d. 2	5	6			
26 — 2366	90 — 8190	7.d. 2	13	1			
27 — 2457	100 — 9100	8.d. 3 —		8			
28 — 2548	200 — 18200	9.d. 3	8	3			
29 — 2639	300 — 27300	10.d. 3	15	10			
30 — 2730	400 — 36400	11.d. 4	3	5			

L.				à 1.f.	4	12	
1 — 92	31 — 2852						
2 — 184	32 — 2944		2.f.	9	4		
3 — 276	33 — 3036		3.f.13	16			
4 — 368	34 — 3128		4.f.18	8			
5 — 450	35 — 3220		5.f.23	—			
6 — 552	36 — 3312		6.f.27	12	—		
7 — 644	37 — 3404		7.f.32	4	—		
8 — 736	38 — 3496		8.f.36	16	—		
9 — 828	39 — 3588		9.f.41	8	—		
10 — 920	40 — 3680		10.f.46	—			
11 — 1012	41 — 3772		11.f.50	12			
12 — 1104	42 — 3864		12.f.55	4	—		
13 — 1196	43 — 3956		13.f.59	16			
14 — 1288	44 — 4048		14.f.64	8	—		
15 — 1380	45 — 4140		15.f.69	—			
16 — 1472	46 — 4232		16.f.73	12	—		
17 — 1564	47 — 4324		17.f.78	4	—		
18 — 1656	48 — 4416		18.f.82	16	—		
19 — 1748	49 — 4508		19.f.87	8	—		
20 — 1840	50 — 4600		1.d —		7	8	
21 — 1932	51 — 4692		2.d —	15	4		
22 — 2024	52 — 4784		3.d	1	3	—	
23 — 2116	60 — 5520		4.d	1	10	8	
24 — 2208	70 — 6440		5.d	1	18	4	
25 — 2300	80 — 7360		6.d	2	6	—	
26 — 2392	90 — 8280		7.d	2	13	8	
27 — 2484	100 — 9200		8.d	3	1	4	
28 — 2576	200 — 18400		9.d	3	9	—	
29 — 2668	300 — 27600		10.d	3	16	8	
30 — 2760	400 — 36800		11.d	4	4	4	

Le pris de la chofe à

Le pris de la chofe à s.							
1	93	31	2883	1.ſ	4	13	
2	186	32	2976	2.ſ	9	6	
3	279	33	3069	3.ſ.13	19		
4	372	34	3162	4.ſ.18	12		
5	465	35	3255	5.ſ.23	5		
6	558	36	3348	6.ſ.27	18		
7	651	37	3441	7.ſ.32	11		
8	744	38	3534	8.ſ.37	4		
9	837	39	3627	9.ſ.41	17		
10	930	40	3720	10.ſ.46	10		
11	1023	41	3813	11.ſ.51	3		
12	1116	42	3906	12.ſ.55	16		
13	1209	43	3999	13.ſ.60	9		
14	1302	44	4092	14.ſ.65	2		
15	1395	45	4185	15.ſ.69	15		
16	1488	46	4278	16.ſ.74	8		
17	1581	47	4371	17.ſ.79	1		
18	1674	48	4464	18.ſ.83	14		
19	1767	49	4557	19.ſ.88	7		
20	1860	50	4650	1.d.—	7	9	
21	1953	51	4743	2.d.—	15	6	
22	2046	52	4836	3.d. 1	3	3	
23	2139	60	5580	4.d. 1	11	—	
24	2232	70	6510	5.d. 1	18	9	
25	2325	80	7440	6.d. 2	6	6	
26	2418	90	8370	7.d. 2	14	3	
27	2511	100	9300	8.d. 3	2	—	
28	2604	200	18600	9.d. 3	9	9	
29	2697	300	27900	10.d. 3	17	6	
30	2790	400	37200	11.d. 4	5	3	

L.						
1 — 94	31 — 2914	à 1.f.	4	4		
2 — 188	32 — 3008	2.f.	9	8		
3 — 282	33 — 3102	3.f.	14	2		
4 — 376	34 — 3196	4.f.	18	16		
5 — 470	35 — 3290	5.f.	23	10		
6 — 564	36 — 3384	6.f.	28	4		
7 — 658	37 — 3478	7.f.	32	18		
8 — 752	38 — 3572	8.f.	37	12		
9 — 846	39 — 3666	9.f.	42	6		
10 — 940	40 — 3760	10.f.	47	—		
11 — 1034	41 — 3854	11.f.	51	14		
12 — 1128	42 — 3948	12.f.	56	8		
13 — 1222	43 — 4042	13.f.	61	2		
14 — 1316	44 — 4136	14.f.	65	16		
15 — 1410	45 — 4230	15.f.	70	10		
16 — 1504	46 — 4324	16.f.	75	4		
17 — 1598	47 — 4418	17.f.	79	18		
18 — 1692	48 — 4512	18.f.	84	12		
19 — 1786	49 — 4606	19.f.	89	6		
20 — 1880	50 — 4700	1.d.	—	7	10	
21 — 1974	51 — 4794	2.d.	—	15	8	
22 — 2068	52 — 4888	3.d.	1	3	6	
23 — 2162	60 — 5640	4.d.	1	11	4	
24 — 2256	70 — 6580	5.d.	1	19	2	
25 — 2350	80 — 7520	6.d.	2	7	—	
26 — 2444	90 — 8460	7.d.	2	14	10	
27 — 2538	100 — 9400	8.d.	3	2	8	
28 — 2632	200 — 18800	9.d.	3	10	6	
29 — 2726	300 — 28200	10.d.	3	18	4	
30 — 2820	400 — 37600	11.d.	4	6	2	

Le pris de la chofe à

L.							
1 — 95	31 — 2945	1.l.		4	15	—
2 — 190	32 — 3040	2.l.		9	10	—
3 — 285	33 — 3135	3.l.14			5	
4 — 380	34 — 3230	4.l.19			—	
5 — 475	35 — 3325	5.l.23			15	
6 — 570	36 — 3420	6.l.28			10	
7 — 665	37 — 3515	7.l.33			5	
8 — 760	38 — 3610	8.l.38			—	
9 — 855	39 — 3705	9.l.42			15	
10 — 950	40 — 3800	10.l.47			10	
11 — 1045	41 — 3895	11.l.52			5	
12 — 1140	42 — 3990	12.l.57			—	
13 — 1235	43 — 4085	13.l.61			15	
14 — 1330	44 — 4180	14.l.66			10	
15 — 1425	45 — 4275	15.l.71			5	
16 — 1520	46 — 4370	16.l.76			—	
17 — 1615	47 — 4465	17.l.80			15	
18 — 1710	48 — 4560	18.l.85			10	
19 — 1805	49 — 4655	19.l.90			5	
20 — 1900	50 — 4750	1.d —			7	11
21 — 1995	51 — 4845	2.d —			15	10
22 — 2090	52 — 4940	3.d	1	3		9
23 — 2185	60 — 5700	4.d	1	11		8
24 — 2280	70 — 6650	5.d	1	19		7
25 — 2375	80 — 7600	6.d	2	7		6
26 — 2470	90 — 8550	7.d	2	15		5
27 — 2565	100 — 9500	8.d	3	3		4
28 — 2660	200 — 19000	9.d	3	11		3
29 — 2755	300 — 28500	10.d	3	19		2
30 — 2850	400 — 38000	11.d	4	7		1

Le pris de la chose à l.

Marchandises, ou autre chose, 96.

Le pris de la chose à

L. 1 —	96	31 —	2976	à 1.s.	4	16	—
2 —	192	32 —	3072	2.s.	9	12	—
3 —	288	33 —	3168	3.s.	14	8	—
4 —	384	34 —	3264	4.s.	19	4	—
5 —	480	35 —	3360	5.s.	24	—	—
6 —	576	36 —	3456	6.s.	28	16	—
7 —	672	37 —	3552	7.s.	33	12	—
8 —	768	38 —	3648	8.s.	38	8	—
9 —	864	39 —	3744	9.s.	43	4	—
10 —	960	40 —	3840	10.s.	48	—	—
11 —	1056	41 —	3936	11.s.	52	16	—
12 —	1152	42 —	4032	12.s.	57	12	—
13 —	1248	43 —	4128	13.s.	62	8	—
14 —	1344	44 —	4224	14.s.	67	4	—
15 —	1440	45 —	4320	15.s.	72	—	—
16 —	1536	46 —	4416	16.s.	76	16	—
17 —	1632	47 —	4512	17.s.	81	12	—
18 —	1728	48 —	4608	18.s.	86	8	—
19 —	1824	49 —	4704	19.s.	91	4	—
20 —	1920	50 —	4800	1.d	—	8	—
21 —	2016	51 —	4896	2.d	—	16	—
22 —	2112	52 —	4992	3.d	1	4	—
23 —	2208	60 —	5760	4.d	1	12	—
24 —	2304	70 —	6720	5.d	2	—	—
25 —	2400	80 —	7680	6.d	2	8	—
26 —	2496	90 —	8640	7.d	2	16	—
27 —	2592	100. —	9600	8.d	3	4	—
28 —	2688	200 —	19200	9.d	3	12	—
29 —	2784	300 —	28800	10.d	4	—	—
30 —	2880	400 —	38400	11.d	4	8	—

Le pris de la choſe à L.				à 1.ſ. 4	17	—
1 — 97	31 — 3007			2.ſ. 9	14	—
2 — 194	32 — 3104			3.ſ.14	11	—
3 — 291	33 — 3201			4.ſ.19	8	—
4 — 388	34 — 3298			5.ſ.24	5	—
5 — 485	35 — 3395			6.ſ.29	2	—
6 — 582	36 — 3492			7.ſ.33	19	—
7 — 679	37 — 3589			8.ſ.38	16	—
8 — 776	38 — 3686			9.ſ.43	13	—
9 — 873	39 — 3783			10.ſ.48	10	—
10 — 970	40 — 3880			11.ſ.53	7	—
11 — 1067	41 — 3977			12.ſ.58	4	—
12 — 1164	42 — 4074			13.ſ.63	1	—
13 — 1261	43 — 4171			14.ſ.67	18	—
14 — 1358	44 — 4268			15.ſ.72	15	—
15 — 1455	45 — 4365			16.ſ.77	12	—
16 — 1552	46 — 4462			17.ſ.82	9	—
17 — 1649	47 — 4559			18.ſ.87	6	—
18 — 1746	48 — 4656			19.ſ.92	3	—
19 — 1843	49 — 4753			1.d —	8	1
20 — 1940	50 — 4850			2.d —	16	2
21 — 2037	51 — 4947			3.d 1	4	3
22 — 2134	52 — 5044			4.d 1	12	4
23 — 2231	60 — 5820			5.d 2	—	5
24 — 2328	70 — 6790			6.d 2	8	6
25 — 2425	80 — 7760			7.d 2	16	7
26 — 2522	90 — 8730			8.d 3	4	8
27 — 2619	100 — 9700			9.d 3	12	9
28 — 2716	200 — 19400			10.d 4	—	10
29 — 2813	300 — 29100			11.d 4	8	11
30 — 2910	400 — 38800					

Le pris de la chofe à

L.							
1 — 98	31 — 3038	à 1.f.	4	18		
2 — 196	32 — 3136	2.f.	9	16		
3 — 294	33 — 3234	3.f.	14	14		
4 — 392	34 — 3332	4.f.	19	12		
5 — 490	35 — 3430	5.f.	24	10		
6 — 588	36 — 3528	6.f.	29	8		
7 — 686	37 — 3626	7.f.	34	6		
8 — 784	38 — 3724	8.f.	39	4		
9 — 882	39 — 3822	9.f.	44	2		
10 — 980	40 — 3920	10.f.	49	—		
11 — 1078	41 — 4018	11.f.	53	18		
12 — 1176	42 — 4116	12.f.	58	16		
13 — 1274	43 — 4214	13.f.	63	14		
14 — 1372	44 — 4312	14.f.	68	12		
15 — 1470	45 — 4410	15.f.	73	10		
16 — 1568	46 — 4508	16.f.	78	8		
17 — 1666	47 — 4606	17.f.	83	6		
18 — 1764	48 — 4704	18.f.	88	4		
19 — 1862	49 — 4802	19.f.	93	2		
20 — 1960	50 — 4900	1.d		8	2	
21 — 2058	51 — 4998	2.d		16	4	
22 — 2156	52 — 5096	3.d	1	4	6	
23 — 2254	60 — 5880	4.d	1	12	8	
24 — 2352	70 — 6860	5.d	2	—	10	
25 — 2450	80 — 7840	6.d	2	9	—	
26 — 2548	90 — 8820	7.d	2	17	2	
27 — 2646	100 — 9800	8.d	3	5	4	
28 — 2744	200 — 19600	9.d	3	13	6	
29 — 2842	300 — 29400	10.d	4	1	8	
30 — 2940	400 — 39200	11.d	4	9	10	

I

Le prix de la chofe à		
L. 1— 99	31—3069	à 1.f. 4 | 19 | —
2— 198	32—3168	2.f. 9 | 18 | —
3— 297	33—3267	3.f.14 | 17 | —
4— 396	34—3366	4.f.19 | 16 | —
5— 495	35—3465	5.f.24 | 15 | —
6— 594	36—3564	6.f.29 | 14 | —
7— 693	37—3663	7.f.34 | 13 | —
8— 792	38—3762	8.f.39 | 12 | —
9— 891	39—3861	9.f.44 | 11 | —
10— 990	40—3960	10.f.49 | 10 | —
11— 1089	41—4059	11.f.54 | 9 | —
12— 1188	42—4158	12.f.59 | 8 | —
13— 1287	43—4257	13.f.64 | 7 | —
14— 1386	44—4356	14.f.69 | 6 | —
15— 1485	45—4455	15.f.74 | 5 | —
16— 1584	46—4554	16.f.79 | 4 | —
17— 1683	47— 4653	17.f.84 | 3 |
18— 1782	48— 4752	18.f.89 | 2 |
19— 1881	49—4851	19.f.94 | 1 | —
20— 1980	50—4950	1.d— | 8 | 3
21— 2079	51—5049	2.d— | 16 | 6
22— 2178	52—5148	3.d 1 | 4 | 9
23— 2277	60—5940	4.d 1 | 13 | —
24— 2376	70—6930	5.d 2 | 1 | 3
25— 2475	80—7920	6.d 2 | 9 | 6
26— 2574	90— 8910	7.d 2 | 17 | 9
27— 2673	100—9900	8.d 3 | 6 | —
28— 2772	200—19800	9.d 3 | 14 | 3
29— 2871	300—29700	10.d 4 | 2 | 6
30— 2970	400—39600	11.d 4 | 10 | 9

Le pris de la chose à

L.				à 1.s.	5		
1 — 100	31 — 3100						
2 — 200	32 — 3200	2.s	10				
3 — 300	33 — 3300	3.s	15				
4 — 400	34 — 3400	4.s	20				
5 — 500	35 — 3500	5.s	25				
6 — 600	36 — 3600	6.s	30				
7 — 700	37 — 3700	7.s	35				
8 — 800	38 — 3800	8.s	40				
9 — 900	39 — 3900	9.s	45				
10 — 1000	40 — 4000	10.s	50				
11 — 1100	41 — 4100	11.s	55				
12 — 1200	42 — 4200	12.s	60				
13 — 1300	43 — 4300	13.s	65				
14 — 1400	44 — 4400	14.s	70				
15 — 1500	45 — 4500	15.s	75				
16 — 1600	46 — 4600	16.s	80				
17 — 1700	47 — 4700	17.s	85				
18 — 1800	48 — 4800	18.s	90				
19 — 1900	49 — 4900	19.s	95				
20 — 2000	50 — 5000	1.d —			8	4	
21 — 2100	51 — 5100	2.d —			16	8	
22 — 2200	52 — 5200	3.d	1	5 —			
23 — 2300	60 — 6000	4.d	1	13	4		
24 — 2400	70 — 7000	5.d	2	1	8		
25 — 2500	80 — 8000	6.d	2	10 —			
26 — 2600	90 — 9000	7.d	2	18	4		
27 — 2700	100 — 10000	8.d	3	6	8		
28 — 2800	200 — 20000	9.d	3	15			
29 — 2900	300 — 30000	10.d	4	3	4		
30 — 3000	400 — 40000	11.d	4	11	8		

Le pris de la chose à

L.					
1 — 200	31 — 6200	à 1.s.	10		
2 — 400	32 — 6400	2.s.	20		
3 — 600	33 — 6600	3.s.	30		
4 — 800	34 — 6800	4.s.	40		
5 — 1000	35 — 7000	5.s.	50		
6 — 1200	36 — 7200	6.s.	60		
7 — 1400	37 — 7400	7.s.	70		
8 — 1600	38 — 7600	8.s.	80		
9 — 1800	39 — 7800	9.s.	90		
10 — 2000	40 — 8000	10.s.	100		
11 — 2200	41 — 8200	11.s.	110		
12 — 2400	42 — 8400	12.s.	120		
13 — 2600	43 — 8600	13.s.	130		
14 — 2800	44 — 8800	14.s.	140		
15 — 3000	45 — 9090	15.s.	150		
16 — 3200	46 — 9200	16.s.	160		
17 — 3400	47 — 9400	17.s.	170		
18 — 3600	48 — 9600	18.s.	180		
19 — 3800	49 — 9800	19.s.	190		
20 — 4000	50 — 10000	1.d		16	8
21 — 4200	51 — 10200	2.d	1	13	4
22 — 4400	52 — 10400	3.d	2	10	
23 — 4600	60 — 12000	4.d	3	6	8
24 — 4800	70 — 14000	5.d	4	3	4
25 — 5000	80 — 16000	6.d	5		
26 — 5200	90 — 18000	7.d	5	16	8
27 — 5400	100 — 20000	8.d	6	13	4
28 — 5600	200 — 40000	9.d	7	10	
29 — 5800	300 — 60000	10.d	8	6	8
30 — 6000	400 — 80000	11.d	9	3	4

Le pris de la choſe à						
L. 1 — 300	31 — 9300	1.ſ.	15			
2 — 600	32 — 9600	2.ſ.	30			
3 — 900	33 — 9900	3.ſ.	45			
4 — 1200	34 — 10200	4.ſ.	60			
5 — 1500	35 — 10500	5.ſ.	75			
6 — 1800	36 — 10800	6.ſ.	90			
7 — 2100	37 — 11100	7.ſ.	105			
8 — 2400	38 — 11400	8.ſ.	120			
9 — 2700	39 — 11700	9.ſ.	135			
10 — 3000	40 — 12000	10.ſ.	150			
11 — 3300	41 — 12300	11.ſ.	165			
12 — 3600	42 — 12600	12.ſ.	180			
13 — 3900	43 — 12900	13.ſ.	195			
14 — 4200	44 — 13200	14.ſ.	210			
15 — 4500	45 — 13500	15.ſ.	225			
16 — 4800	46 — 13800	16.ſ.	240			
17 — 5100	47 — 14100	17.ſ.	255			
18 — 5400	48 — 14400	18.ſ.	270			
19 — 5700	49 — 14700	19.ſ.	285			
20 — 6000	50 — 15000	1.d	1	5		
21 — 6300	51 — 15300	2.d	2	10		
22 — 6600	52 — 15600	3.d	3	15		
23 — 6900	60 — 18000	4.d	5			
24 — 7200	70 — 21000	5.d	6	5		
25 — 7500	80 — 24000	6.d	7	10		
26 — 7800	90 — 27000	7.d	8	15		
27 — 8100	100 — 30000	8.d	10			
28 — 8400	200 — 60000	9.d	11	5		
29 — 8700	300 — 90000	10.d	12	10		
30 — 9000	400 — 120000	11.d	13	15		

13

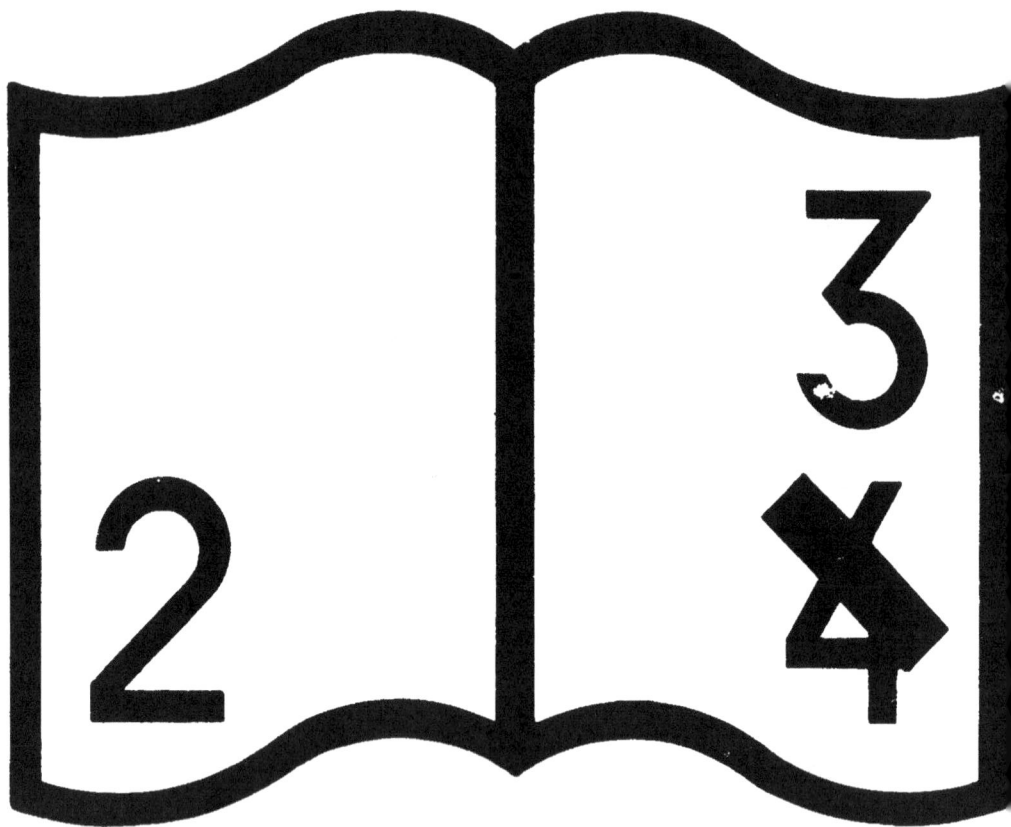

Pagination incorrecte — date incorrecte

NF Z 43-120-12

Le prix de la chose à						
L.1 — 400	31 — 12400	à 1.f. 20	—			
2 — 800	32 — 12800	2.f. 40	—			
3 — 1200	33 — 13200	3.f. 60	—			
4 — 1600	34 — 13600	4.f. 80	—			
5 — 2000	35 — 14000	5.f. 100	—			
6 — 2400	36 — 14400	6.f. 120	—			
7 — 2800	37 — 14800	7.f. 140	—			
8 — 3200	38 — 15200	8.f. 160	—			
9 — 3600	39 — 15600	9.f. 180	—			
10 — 4000	40 — 16000	10.f. 200	—			
11 — 4400	41 — 16400	11.f. 220	—			
12 — 4800	42 — 16800	12.f. 240	—			
13 — 5200	43 — 17200	13.f. 260	—			
14 — 5600	44 — 17600	14.f. 280	—			
15 — 6000	45 — 18000	15.f. 300	—			
16 — 6400	46 — 18400	16.f. 320	—			
17 — 6800	47 — 18800	17.f. 340	—			
18 — 7200	48 — 19200	18.f. 360	—			
19 — 7600	49 — 19600	19.f. 380	—			
20 — 8000	50 — 20000	1.d.	1	13	4	
21 — 8400	51 — 20400	2.d.	3	6	8	
22 — 8800	52 — 20800	3.d.	5	—		
23 — 9200	60 — 24000	4.d.	6	13	4	
24 — 9600	70 — 28000	5.d.	8	6	8	
25 — 10000	80 — 32000	6.d.	10			
26 — 10400	90 — 36000	7.d.	11	13	4	
27 — 10800	100 — 40000	8.d.	13	6	8	
28 — 11200	200 — 80000	9.d.	15			
29 — 11600	300 — 120000	10.d.	16	13	4	
30 — 12000	400 — 160000	11.d.	18	6	8	

L.					
1 — 500	31 — 15500	à 1.s. 25			
2 — 1000	32 — 16000	2.s. 50			
3 — 1500	33 — 16500	3.s. 75			
4 — 2000	34 — 17000	4.s.100			
5 — 2500	35 — 17500	5.s.125			
6 — 3000	36 — 18000	6.s.150			
7 — 3500	37 — 18500	7.s.175			
8 — 4000	38 — 19000	8.s.200			
9 — 4500	39 — 19500	9.s.225			
10 — 5000	40 — 20000	10.s.250			
11 — 5500	41 — 20500	11.s.275			
12 — 6000	42 — 21000	12.s.300			
13 — 6500	43 — 21500	13.s.325			
14 — 7000	44 — 22000	14.s.350			
15 — 7500	45 — 22500	15.s.375			
16 — 8000	46 — 23000	16.s.400			
17 — 8500	47 — 23500	17.s.425			
18 — 9000	48 — 24000	18.s.450			
19 — 9500	49 — 24500	19.s.475			
20 — 10000	50 — 25000	1.d. 2	1	8
21 — 10500	51 — 25500	2.d. 4	3	4
22 — 11000	52 — 26000	3.d. 6	5	
23 — 11500	60 — 30000	4.d. 8	6	8
24 — 12000	70 — 35000	5.d.10	8	4
25 — 12500	80 — 40000	6 d.12	10	
26 — 13000	90 — 45000	7.d.14	11	8
27 — 13500	100 — 50000	8.d.16	13	4
28 — 14000	200 — 100000	9.d.18	15	
29 — 14500	300 — 150000	10.d.20	16	8
30 — 15000	400 — 200000	11.d.22	18	4

Le pris de la choſe à

L.				à 1. ſ	30	
1 —	600	31 —	18600	2. ſ	60	
2 —	1200	32 —	19200	3. ſ	90	
3 —	1800	33 —	19800	4. ſ	120	
4 —	2400	34 —	20400	5. ſ	150	
5 —	3000	35 —	21000	6. ſ	180	
6 —	3600	36 —	21600	7. ſ	210	
7 —	4200	37 —	22200	8. ſ	240	
8 —	480:	38 —	22800	9. ſ	270	
9 —	540c	39 —	23400	10. ſ	300	
10 —	6000	40 —	24000	11. ſ	330	
11 —	6600	41 —	24600	12. ſ	360	
12 —	7200	42 —	25200	13. ſ	390	
13 —	7800	43 —	25800	14. ſ	420	
14 —	8400	44 —	26400	15. ſ	450	
15 —	9000	45 —	27000	16. ſ	480	
16 —	9600	46 —	27600	17. ſ	510	
17 —	10200	47 —	28200	18. ſ	540	
18 —	10800	48 —	28800	19. ſ	570	
19 —	11400	49 —	29400			
20 —	12000	50 —	30000	1. d	2	10
21 —	11600	51 —	30600	2. d	5	
22 —	13200	52 —	31200	3. d	7	10
23 —	13800	60 —	36000	4. d	10	
24 —	14400	70 —	42000	5. d	12	10
25 —	15000	80 —	48000	6. d	15	
26 —	15600	90 —	54000	7. d	17	10
27 —	16200	100 —	60000	8. d	20	
28 —	16800	200 —	120000	9. d	22	10
29 —	17400	300 —	180000	10. d	25	
30 —	18000	400 —	24000c	11. d	27	10

L. 1 — 700	31 — 21700	à 1.ſ. 35		
2 — 1400	32 — 22400	2.ſ. 70		
3 — 2100	33 — 23100	3.ſ.105		
4 — 2800	34 — 23800	4.ſ.140		
5 — 3500	35 — 24500	5.ſ.175		
6 — 4200	36 — 25200	6.ſ.210		
7 — 4900	37 — 25900	7.ſ.245		
8 — 5600	38 — 26600	8.ſ.280		
9 — 6300	39 — 27300	9.ſ.315		
10 — 7000	40 — 28000	10.ſ.350		
11 — 7700	41 — 28700	11.ſ.385		
12 — 8400	42 — 29400	12.ſ.420		
13 — 9100	43 — 30100	13.ſ.455		
14 — 9800	44 — 30800	14.ſ.490		
15 — 10500	45 — 31500	15.ſ.525		
16 — 11200	46 — 32200	16.ſ.560		
17 — 11900	47 — 32900	17.ſ.595		
18 — 12600	48 — 33600	18.ſ.630		
19 — 13300	49 — 34300	19.ſ.665		
20 — 14000	50 — 35000	1.d. 2	18	4
21 — 14700	51 — 35700	2.d. 5	16	8
22 — 15400	52 — 36400	3.d. 8	15	
23 — 16100	60 — 42000	4.d.11	13	4
24 — 16800	70 — 49000	5.d.14	11	8
25 — 17500	80 — 56000	6.d.17	10	
26 — 18200	90 — 63000	7.d.20	8	4
27 — 18900	100 — 70000	8.d.23	6	8
28 — 19600	200 — 140000	9.d.26	5	
29 — 20300	300 — 210000	10.d.29	3	4
30 — 21000	400 — 280000	11.d.32	1	8

Le pris de la choſe à

Le prix de la choſe à

L.						
1 — 800	31 — 24800	1.ſ. 40		
2 — 1600	32 — 25600	2.ſ. 80		
3 — 2400	33 — 26400	3.ſ. 120		
4 — 3200	34 — 27200	4.ſ. 160		
5 — 4000	35 — 28000	5.ſ. 200		
6 — 4800	36 — 28800	6.ſ. 240		
7 — 5600	37 — 29600	7.ſ. 280		
8 — 6400	38 — 30400	8.ſ. 320		
9 — 7200	39 — 31200	9.ſ. 360		
10 — 8000	40 — 32000	10.ſ. 400		
11 — 8800	41 — 32800	11.ſ. 440		
12 — 9600	42 — 33600	12.ſ. 480		
13 — 10400	43 — 34400	13.ſ. 520		
14 — 11200	44 — 35200	14.ſ. 560		
15 — 12000	45 — 36000	15.ſ. 600		
16 — 12800	46 — 36800	16.ſ. 640		
17 — 13600	47 — 37600	17.ſ. 680		
18 — 14400	48 — 38400	18.ſ. 720		
19 — 15200	49 — 39200	19.ſ. 760		
20 — 16000	50 — 40000	1.d 3	6	8
21 — 16800	51 — 40800	2.d 6	13	4
22 — 17600	52 — 41600	3.d 10		
23 — 18400	60 — 48000	4.d 13	6	8
24 — 19200	70 — 56000	5.d 16	13	4
25 — 20000	80 — 64000	6.d 20		
26 — 20800	90 — 72000	7.d 23	6	8
27 — 21600	100 — 80000	8.d 26	13	4
28 — 22400	200 — 160000	9.d 30		
29 — 23200	300 — 240000	10.d 33	6	8
30 — 24000	400 — 320000	11.d 36	13	4

Le pris e aclooe

1 —	900	31 —	27900	à 1.ſ. 45		
2 —	1800	32 —	28800	2.ſ. 90		
3 —	2700	33 —	29700	3.ſ.135		
4 —	3600	34 —	30600	4.ſ.180		
5 —	4500	35 —	31500	5.ſ.225		
6 —	5400	36 —	32400	6.ſ.270		
7 —	6300	37 —	33300	7.ſ.315		
8 —	7200	38 —	34200	8.ſ.360		
9 —	8100	39 —	35100	9.ſ.405		
10 —	9000	40 —	36000	10.ſ.450		
11 —	9900	41 —	36900	11.ſ.495		
12 —	10800	42 —	37800	12.ſ.540		
13 —	11700	43 —	38700	13.ſ.585		
14 —	12600	44 —	39600	14.ſ.630		
15 —	13500	45 —	40500	15.ſ.675		
16 —	14400	46 —	41400	16.ſ.720		
17 —	15300	47 —	42300	17.ſ.765		
18 —	16200	48 —	43200	18.ſ.810		
19 —	17100	49 —	44100	19.ſ.855		
20 —	18000	50 —	45000	1.d 3	15	
21 —	18900	51 —	45900	2.d 7	10	
22 —	19800	52 —	46800	3.d 11	5	
23 —	20700	60 —	54000	4.d 15		
24 —	21600	70 —	63000	5.d 18	15	
25 —	22500	80 —	72000	6.d 22	10	
26 —	23400	90 —	81000	7.d 26	5	
27 —	24300	100. —	90000	8.d 30		
28 —	25200	200 —	180000	9.d 33	15	
29 —	26100	300 —	270000	10.d 37	10	
30 —	27000	400 —	360000	11.d 41	5	

Le pris de la chose						
L. 1 — 1000	31 — 31000	à 1.f. 50				
2 — 2000	32 — 32000	2.f.100				
3 — 3000	33 — 33000	3.f.150				
4 — 4000	34 — 34000	4.f.200				
5 — 5000	35 — 35000	5.f.250				
6 — 6000	36 — 36000	6.f.300				
7 — 7000	37 — 37000	7.f.350				
8 — 8000	38 — 38000	8.f.400				
9 — 9000	39 — 39000	9.f.450				
10 — 10000	40 — 40000	10.f.500				
11 — 11000	41 — 41000	11.f.550				
12 — 12000	42 — 42000	12.f.600				
13 — 13000	43 — 43000	13.f.650				
14 — 14000	44 — 44000	14.f.700				
15 — 15000	45 — 45000	15.f.750				
16 — 16000	46 — 46000	16.f.800				
17 — 17000	47 — 47000	17.f.850				
18 — 18000	48 — 48000	18.f.900				
19 — 19000	49 — 49000	19.f.950				
20 — 20000	50 — 50000	1.d	4	3	4	
21 — 21000	51 — 51000	2.d	8	6	8	
22 — 22000	52 — 52000	3.d	12	10	—	
23 — 23000	60 — 60000	4.d	16	13	4	
24 — 24000	70 — 70000	5.d	20	16	8	
25 — 25000	80 — 80000	6.d	25	—		
26 — 26000	90 — 90000	7.d	29	3	4	
27 — 27000	100 — 100000	8.d	33	6	8	
28 — 28000	200 — 200000	9.d	37	10	—	
29 — 29000	300 — 300000	10.d	41	13	4	
30 — 30000	400 — 400000	11.d	45	16	8	

Des fractions ou rompus de tout ce qui se vend.

A l'Aune.	A la Groffe.
A la Cane.	A la Douzaine.
A la Toile.	Au Cent.
A la Palme.	A la Mefure.
A la Verge.	Du Bled & du Vin.
A là braffe.	Et de tout autre chofe.

Lefquelles fractions ou rompus font mifes au haut de chaque feüillet evaluées aux parties de la livre de 20 f. comme

Le 24.me de toute chofe à 20.f. vaut 10.deniers.
Le 12 me de toute chofe à 20.f. vaut 1.f. 8.d.
Le 8.me à 20.f. vaut 2.f. 6. deniers, & ainfi des autres fractions, & pour s'en fervir , fuppofez avoir affaire de 5.fixiém d'aune à raifon de 8.livres l'aune, pour fçavoir combien ils valent, voyez le feüillet de la fraction 5. fixiéme., vous y trouverez au bout de la ligne ou eft 8.l. la valeur qui eft 6.l.13 f.4.d.

A 5.l. l'aune .

Combien vaut *un tier* d'aune , pour le fçavoir voyez le feüillet de la fraction *d'un tier* , & au bout de la ligne où eft à 5 l. vous y trouverez la valeur qui eft 1.l 13.f. 4 d.

La valeur defdites fractions fervent auffi pour faire le compte de ce qui fe vend à tant de deniers feuls , ou à fols & deniers , comme par exemple.

A 1.f 4 d *la chofe ou à 8. doubles.*

Combien valent 8. pour le fçavoir cherchez le feüillet de la fraction 1.f. 4.d.& au bout de la ligne on eft 58. vous y trouverez la valeur qui eft 2.l. 10.f 8.d

K

à 1 l vaut	1	— ſ	10 d		31	1 l	5 ſ	10
à 2 l vaut	1	1 ſ	8 d		32	1 l	6 ſ	8
à 3 l vaut	1	2 ſ	6 d		33	1 l	7 ſ	6
à 4 l vaut	1	3 ſ	4 d		34	1 l	8 ſ	4
à 5 l vaut	1	4 ſ	2 d		35	1 l	9 ſ	2
à 6 l vaut	1	5 ſ	— d		36	1 l	10 ſ	—
à 7 l vaut	1	5 ſ	10 d		37	1 l	10 ſ	10
à 8 l vaut	1	6 ſ	8 p		38	1 l	11 ſ	8
à 9 l vaut	1	7 ſ	6 d		39	1 l	12 ſ	6
10 l vaut	1	8 ſ	4 d		40	1 l	13 ſ	4
11 l vaut	1	9 ſ	2 d		41	1 l	14 ſ	2
12 l vaut	1	10 ſ	— d		42	1 l	15 ſ	—
13 l vaut	1	10 ſ	10 d		43	1 l	15 ſ	10
14 l vaut	1	11 ſ	8 d		44	1 l	16 ſ	8
15 l vaut	1	12 ſ	6 d		45	1 l	17 ſ	6
16 l vaut	1	13 ſ	4 d		46	1 l	18 ſ	4
17 l vaut	1	14 ſ	2 d		47	1 l	19 ſ	2
18 l vaut	1	15 ſ	— d		48	2 l	— ſ	—
19 l vaut	1	15 ſ	10 d		49	2 l	— ſ	10
20 l vaut	1	16 ſ	8 d		50	2 l	1 ſ	8
21 l vaut	1	17 ſ	6 d		60	2 l	10 ſ	—
22 l vaut	1	18 ſ	4 d		70	2 l	18 ſ	4
23 l vaut	1	19 ſ	2 d		80	3 l	6 ſ	8
24 l vaut	1 l	— ſ	— d		90	3 l	15 ſ	—
25 l vaut	1 l	— ſ	10 d		100	4 l	3 ſ	4
26 l vaut	1 l	1 ſ	8 d		200	8 l	6 ſ	8
27 l vaut	1 l	2 ſ	6 d		a 2.ſ.	l	— ſ	1
28 l vaut	1 l	3 ſ	4 d		a 4.ſ.	l	— ſ	2
29 l vaut	1 l	4 ſ	2 d		a 8.ſ.	l	— ſ	4
30 l vaut	1 l	5 ſ	— d		a 10.ſ.	l	— ſ	5

		l	ſ	d
à 1	vaut		1 ſ	8 d
à 2	vaut		3 ſ	4 d
à 3	vaut		5 ſ	— d
à 4	vaut		6 ſ	8 d
à 5	vaut		8 ſ	4 d
à 6	vaut		10 ſ	— d
à 7	vaut		11 ſ	8 d
à 8	vaut		13 ſ	4 d
à 9	vaut		15 ſ	— d
10	vaut		16 ſ	8 d
11	vaut		18 ſ	4 d
12	vaut	1 l	— ſ	— d
13	vaut	1 l	1 ſ	8 d
14	vaut	1 l	3 ſ	4 d
15	vaut	1 l	5 ſ	— d
16	vaut	1 l	6 ſ	8 d
17	vaut	1 l	8 ſ	4 d
18	vaut	1 l	10 ſ	— d
19	vaut	1 l	11 ſ	8 d
20	vaut	1 l	13 ſ	4 d
21	vaut	1 l	15 ſ	— d
22	vaut	1 l	16 ſ	8 d
23	vaut	1 l	18 ſ	4 d
24	vaut	2 l	— ſ	— d
25	vaut	2 l	1 ſ	8 d
26	vaut	2 l	3 ſ	4 d
27	vaut	2 l	5 ſ	— d
28	vaut	2 l	6 ſ	8 d
29	vaut	2 l	8 ſ	4 d
30	vaut	2 l	10 ſ	— d

	l	ſ	d
31	2 l	11 ſ	8
32	2 l	13 ſ	4
33	2 l	15 ſ	—
34	2 l	16 ſ	8
35	2 l	18 ſ	4
36	3 l	— ſ	—
37	3 l	1 ſ	8
38	3 l	3 ſ	4
39	3 l	5 ſ	—
40	3 l	6 ſ	8
50	4 l	. ſ	4
60	5 l	— ſ	—
70	5 l	16 ſ	8
80	6 l	13 ſ	4
90	7 l	10 ſ	—
100	8 l	6 ſ	8
200.16 l		13 ſ	4
300.25 l		— ſ	—
400.33 l		6 ſ	8
à 1. ſ.	1 l	— ſ	1
à 2. ſ.	1 l	— ſ	2
à 3. ſ.	1 l	— ſ	3
à 4 ſ.	1 l	— ſ	4
à 5. ſ.	1 l	— ſ	5
à 6. ſ.	1 l	— ſ	6
à 7. ſ.	1 l	— ſ	7
à 8. ſ.	1 l	— ſ	8
à 9. ſ.	1 l	— ſ	9
10. ſ.	1 l	— ſ	10
15. ſ.	1 l	. 1 ſ.	3

	l	ſ	d		l	ſ	
à1 l vaut		2 ſ	6 d	31	3 l	17 ſ	6
à2 l vaut		5 ſ	— d	32	4 l	— ſ	—
à3 l vaut		7 ſ	6 d	33	4 l	2 ſ	6
à4 l vaut		10 ſ	— d	34	4 l	5 ſ	—
à5 l vaut		12 ſ	6 d	35	4 l	7 ſ	6
à6 l vaut		15 ſ	— d	36	4 l	10 ſ	—
à7 l vaut		17 ſ	6 d	37	4 l	12 ſ	6
à8 l vaut	1 l	— ſ	— d	38	4 l	15 ſ	—
à9 l vaut	1 l	2 ſ	6 d	39	4 l	17 ſ	6
10 l vaut	1 l	5 ſ	— d	40	5 l	— ſ	—
11 l vaut	1 l	7 ſ	6 d	50	6 l	5 ſ	
12 l vaut	1 l	10 ſ	— d	60	7 l	10 ſ	
13 l vaut	1 l	12 ſ	6 d	70	8 l	15 ſ	
14 l vaut	1 l	15 ſ	— d	80. 10 l	— ſ		
15 l vaut	1 l	17 ſ	6 d	90. 11 l	5 ſ		
16 l vaut	2 l	— ſ	— d	100. 12 l	10 ſ		
17 l vaut	2 l	2 ſ	6 d	200. 25 l	— ſ		
18 l vaut	2 l	5 ſ	— d	300. 37 l	10 ſ		
19 l vaut	2 l	7 ſ	6 d	400. 50 l	— ſ		
20 l vaut	2 l	10 ſ	— d	à1. l.	1 — ſ	1	
21 l vaut	2 l	12 ſ	6 d	à2. ſ.	1 — ſ	3	
22 l vaut	2 l	15 ſ	— d	à3. ſ.	1 — ſ	4	
23 l vaut	2 l	17 ſ	6 d	à4. ſ.	1 — ſ	6	
24 l vaut	3 l	— ſ	— d	à5. ſ.	1 — ſ	7	
25 l vaut	3 l	2 ſ	6 d	à6. ſ.	1 — ſ	9	
26 l vaut	3 l	5 ſ	— d	à7. ſ.	1 — ſ	10	
27 l vaut	3 l	7 ſ	6 d	à8. ſ.	1 1 ſ	—	
28 l vaut	3 l	10 ſ	— d	à9. ſ.	1 1 ſ	1	
29 l vaut	3 l	12 ſ	6 d	10. ſ.	1 1 ſ	3	
30 l vaut	3 l	15 ſ	— d	15. ſ.	1 1 ſ	10	

	livres	sous	deniers			livres	sous	deniers
à1 vaut		3 ſ	4 d	31	5	3 ſ	4
à2 vaut		6 ſ	8 d	32	5	6 ſ	8
à3 vaut		10 ſ	— d	33	5	10 ſ	—
à4 vaut		13 ſ	4 d	34	5	13 ſ	4
à5 vaut		16 ſ	8 d	35	5	16 ſ	8
à6 vaut	1	— ſ	— d	36	6	— ſ	—
à7 vaut	1	3 ſ	4 d	37	6	3 ſ	4
à8 vaut	1	6 ſ	8 d	38	6	6 ſ	8
à9 vaut	1	10 ſ	— d	39	6	10 ſ	—
10 vaut	1	13 ſ	4 d	40	6	13 ſ	4
11 vaut	1	16 ſ	8 d	50	8	6 ſ	8
12 vaut	2	— ſ	— d	60	10	— ſ	—
13 vaut	2	3 ſ	4 d	70.11	11	13 ſ	4
14 vaut	2	6 ſ	8 d	80.13	13	6 ſ	8
15 vant	2	10 ſ	— d	90.15	15	— ſ	—
16 vaut	2	13 ſ	4 d	100.16	16	13 ſ	4
17 vaut	2	16 ſ	8 d	a 1. ſ.		— ſ	2
18 vaut	3	— ſ	— d	a 2. ſ.		— ſ	4
19 vaut	3	3 ſ	4 d	a 3. ſ.		— ſ	6
20 vaut	3	6 ſ	8 d	a 4. ſ.		— ſ	8
21 vaut	3	10 ſ	— d	a 5. ſ.		— ſ	10
22 vaut	3	13 ſ	4 d	a 6. ſ.		1 ſ	—
23 vaut	3	16 ſ	8 d	a 7. ſ.		1 ſ	2
24 vaut	4	— ſ	— d	a 8. ſ.		1 ſ	4
25 vaut	4	3 ſ	4 d	a 9. ſ.		1 ſ	6
26 vaut	4	6 ſ	8 d	10. ſ.		1 ſ	8
27 vaut	4	10 ſ	— d	11. ſ.		1 ſ	10
28 vaut	4	13 ſ	4 d	12. ſ.		2 ſ	—
29 vaut	4	16 ſ	8 d	13. ſ.		2 ſ	2
30 vaut	5	— ſ	— d	14. ſ.		2 ſ	4

Le quart de toute choſe à 20.ſ. vaut 5.ſ.

				31	7 l 15 ſ
à 1 l vaut	5 ſ	d		32	8 l — ſ
à 2 l vaut	10 ſ	d		33	8 l 5 ſ
à 3 l vaut	15 ſ	d		34	8 l 10 ſ
à 4 l vaut 1 l	— ſ	d		35	8 l 15 ſ
à 5 l vaut 1 l	5 ſ	d		36	9 l — ſ
à 6 l vaut 1 l	10 ſ	d		37	9 l 5 ſ
à 7 l vaut 1 l	15 ſ	d		38	9 l 10 ſ
à 8 l vaut 2 l	— ſ	p		39	9 l 15 ſ
à 9 l vaut 2 l	5 ſ	d		40	10 l — ſ
10 l vaut 2 l	10 ſ	d		50	12 l 10 ſ
11 l vaut 2 l	15 ſ	d		60	15 l — ſ
12 l vaut 3 l	— ſ	d		70	17 l 10 ſ
13 l vaut 3 l	5 ſ	d		80	20 l — ſ
14 l vaut 3 l	10 ſ	d		90	22 l 10 ſ
15 l vaut 3 l	15 ſ	d		100	25 l — ſ
16 l vaut 4 l	— ſ	d		à 1.ſ.	1 — ſ 3
17 l vaut 4 l	5 ſ	d		à 2.ſ.	1 — ſ 6
18 l vaut 4 l	10 ſ	d		à 3.ſ.	1 — ſ 9
19 l vaut 4 l	15 ſ	d		à 4.ſ.	1 1 ſ —
20 l vaut 5 l	— ſ	d		à 5.ſ.	1 1 ſ 3
21 l vaut 5 l	5 ſ	d		à 6.ſ.	1 1 ſ 6
22 l vaut 5 l	10 ſ	d		à 7.ſ.	1 1 ſ 9
23 l vaut 5 l	15 ſ	d		à 7.ſ.	1 2 ſ —
24 l vaut 6 l	— ſ	d		à 9.ſ.	1 2 ſ 3
25 l vaut 6 l	5 ſ	d		10.ſ.	1 2 ſ 6
26 l vaut 6 l	10 ſ	d		11.ſ.	1 2 ſ 9
27 l vaut 6 l	15 ſ	d		12.ſ.	1 3 ſ —
28 l vaut 7 l	— ſ	d		13.ſ.	1 3 ſ 3
29 l vaut 7 l	5 ſ	d		14.ſ.	1 3 ſ 6
30 l vaut 7 l	10 ſ	d			

à 1 l vaut	— l	6 ſ 8		31	10 l	6 ſ 8	
à 2 l vaut	1 l	13 ſ 4		32	10 l	13 ſ 4	
à 3 l vaut	1 l	— ſ —		33	11 l	— ſ —	
à 4 l vaut	1 l	6 ſ 8		34	11 l	6 ſ 8	
à 5 l vaut	1 l	13 ſ 4		35	11 l	13 ſ 4	
à 6 l vaut	2 l	— ſ —		36	12 l	— ſ —	
à 7 l vaut	2 l	6 ſ 8		37	12 l	6 ſ 8	
à 8 l vaut	2 l	13 ſ 4		38	12 l	13 ſ 4	
à 9 l vaut	3 l	— ſ —		39	13 l	— ſ —	
10 l vaut	3 l	6 ſ 8		40	13 l	6 ſ 8	
11 l vaut	3 l	13 ſ 4		50	16 l	13 ſ 4	
12 l vaut	4 l	— ſ —		60	20 l	— ſ —	
13 l vaut	4 l	6 ſ 8		70	23 l	6 ſ 8	
14 l va'e	4 l	13 ſ 4		80	26 l	13 ſ 4	
15 l vaut	5 l	— ſ —		90	30 l	— ſ —	
16 l vaut	5 l	6 ſ 8		100	33 l	6 ſ 8	
17 l vaut	5 l	13 ſ 4		à 1 ſ.	l	— ſ 4	
18 l vaut	6 l	— ſ —		à 2 ſ.	l	— ſ 8	
19 l vaut	6 l	6 ſ 8		à 3 ſ.	l	1 ſ —	
20 l vaut	6 l	13 ſ 4		à 4 ſ.	l	1 ſ 4	
21 l vaut	7 l	— ſ —		à 5 ſ.	l	1 ſ 8	
22 l vaut	7 l	6 ſ 8		à 6 ſ.	l	2 ſ —	
23 l vaut	7 l	13 ſ 4		à 7 ſ.	l	2 ſ 4	
24 l vaut	8 l	— ſ —		à 8 ſ.	l	2 ſ 8	
25 l vaut	8 l	6 ſ 8		à 9 ſ.	l	3 ſ —	
26 l vaut	8 l	13 ſ 4		10 ſ.	l	3 ſ 4	
27 l vaut	9 l	— ſ —		11 ſ.	l	3 ſ 8	
28 l vaut	9 l	6 ſ 8		12 ſ.	l	4 ſ —	
29 l vaut	9 l	13 ſ 4		13 ſ.	l	4 ſ 4	
30 l vaut	10 l	— ſ —		14 ſ.	l	4 ſ 8	

à 1	vaut	—	10 ſ	d	31	15	10 ſ	
à 2	vaut	1	— ſ	d	32	16	— ſ	
à 3	vaut	1	10 ſ	d	33	16	10 ſ	
à 4	vaut	2	— ſ	d	34	17	— ſ	
à 5	vaut	2	10 ſ	d	35	17	10 ſ	
à 6	vaut	3	— ſ	d	36	18	— ſ	
à 7	vaut	3	10 ſ	d	37	18	10 ſ	
à 8	vaut	4	— ſ	d	38	19	— ſ	
à 9	vaut	4	10 ſ	d	39	19	10 ſ	
10	vaut	5	— ſ	d	40	20	— ſ	
11	vaut	5	10 ſ	d	50	25	ſ	
12	vaut	6	— ſ	d	60	30	ſ	
13	vaut	6	10 ſ	d	70	35	ſ	
14	vaut	7	— ſ	d	80	40	ſ	
15	vaut	7	10 ſ	d	90	45	ſ	
16	vaut	8	— ſ	d	100	50	ſ	
17	vaut	8	10.ſ	d	à 1.ſ.	1	— ſ 6	
18	vaut	9	— ſ	d	à 2.ſ.	1	ſ —	
19	vaut	9	10 ſ	d	à 3.ſ.	1	ſ 6	
20	vaut	10	— ſ	d	à 4.ſ.	2	ſ —	
21	vaut	10	10 ſ	d	à 5 ſ.	2	ſ 6	
22	vaut	11	— ſ	d	à 6.ſ.	3	ſ —	
23	vaut	11	10 ſ	d	à 7.ſ.	3	ſ 6	
24	vaut	12	— ſ	d	à 8.ſ.	4	ſ —	
25	vaut	12	10 ſ	d	à 9.ſ.	4	ſ 6	
26	vaut	13	— ſ	d	10.ſ.	5	ſ —	
27	vaut	13	10 ſ	d	11.ſ.	5	ſ 6	
28	vaut	14	— ſ	d	12.ſ.	6	ſ —	
29	vaut	14	10 ſ	d	13.ſ.	6	ſ 6	
30	vaut	15	— ſ	d	14.ſ.	7	ſ —	

Les 2.tiers de toute choſe à 20.ſ.valét 13.ſ4

à1	l valent	—	13 l	4 d	31	20 l	13 ſ	4
à2	l valent	1 l	6 ſ	8 d	32	21 l	6 ſ	8
à3	l valent	2 l	— ſ	— d	33	22 l	— ſ	—
à4	l valent	2 l	13 ſ	4 p	34	22 l	13 ſ	4
à5	l valent	3 l	6 ſ	8 d	35	23 l	6 ſ	8
à6	l valent	4 l	— ſ	— d	36	24 l	— ſ	—
à7	l valent	4 l	13 ſ	4 d	37	24 l	13 ſ	4
à8	l valent	5 l	6 ſ	8 d	38	25 l	6 ſ	8
à9	l valent	6 l	— ſ	— d	39	26 l	— ſ	—
10	l valent	6 l	13 ſ	4 d	40	26 l	13 ſ	4
11	l valent	7 l	6 ſ	8 d	50	33 l	6 ſ	8
12	l valent	8 l	— ſ	— d	60	40 l	— ſ	—
13	l valent	8 l	13 ſ	4 d	70	46 l	13 ſ	4
14	l valent	9 l	6 ſ	8 d	80	53 l	6 ſ	8
15	l valent	10 l	— ſ	— d	90	60 l	— ſ	—
16	l valent	10 l	13 ſ	4 d	100	66 l	13 ſ	4
17	l valent	11 l	6 ſ	8 d	à1.ſ.	— l	— ſ	8
18	l valent	12 l	— ſ	— d	à2.ſ.	1 l	1 ſ	4
19	l valent	12 l	13 ſ	4 d	à3.ſ.	1 l	2 ſ	—
20	l valeut	13 l	6 ſ	8 d	à4.ſ.	1 l	2 ſ	8
21	l valent	14 l	— ſ	— d	à5.ſ.	1 l	3 ſ	4
22	l valent	14 l	13 ſ	4 d	à6.ſ.	1 l	4 ſ	—
23	l valent	15 l	6 ſ	8 d	à7.ſ.	1 l	4 ſ	8
24	l valent	16 l	— ſ	— d	à8.ſ.	1 l	5 ſ	4
25	l valent	16 l	13 ſ	4 d	à9.ſ.	1 l	6 ſ	—
26	l valent	17 l	6 ſ	8 d	10.ſ.	1 l	6 ſ	8
27	l valent	18 l	— ſ	— d	11.ſ.	1 l	7 ſ	4
28	l valent	18 l	13 ſ	4 d	12.ſ.	1 l	8 ſ	—
29	l valent	19 l	6 ſ	8 d	13.ſ.	1 l	8 ſ	8
30	l valent	20 l	— ſ	— d	14.ſ.	1 l	9 ſ	4

3. quarts de toute chose à 20. ſ. valent 15. ſ.

à1 l valent	— l 15 ſ	d	31	23 l 5 ſ	
à2 l valent	1 l 10 ſ	d	32	24 l — ſ	
à3 l valent	2 l 5 ſ	d	33	24 l 15 ſ	
à4 l valent	3 l — ſ	d	34	25 l 10 ſ	
à5 l valent	3 l 15 ſ	d	35	26 l 5 ſ	
à6 l valent	4 l 10 ſ	d	36	27 l — ſ	
à7 l valent	5 l 5 ſ	d	37	27 l 15 ſ	
à8 l valent	6 l — ſ	d	38	28 l 10 ſ	
à9 l valent	6 l 15 ſ	d	39	29 l 5 ſ	
10 l valent	7 l 10 ſ	d	40	30 l — ſ	
11 l valent	8 l 5 ſ	d	50	37 l 10 ſ	
12 l valent	9 l — ſ	d	60	45 l — ſ	
13 l valent	9 l 15 ſ	d	70	52 l 10 ſ	
14 l valent	10 l 10 ſ	d	80	60 l — ſ	
15 l valent	11 l 5 ſ	d	90	67 l 10 ſ	
16 l valent	12 l — ſ	d	100	75 l — ſ	
17 l valent	12 l 15 ſ	d	à1.ſ.	— l — ſ	9
18 l valent	13 l 10 ſ	d	à2.ſ.	l 1 ſ	6
19 l valent	14 l 5 ſ	d	à3.ſ.	l 2 ſ	3
20 l valent	15 l — ſ	d	à4.ſ.	l 3 ſ	—
21 l valent	15 l 15 ſ	d	à5.ſ.	l 3 ſ	9
22 l valent	16 l 10 ſ	d	à6.ſ.	l 4 ſ	6
23 l valent	17 l 5 ſ	d	à7.ſ.	l 5 ſ	3
24 l valent	18 l — ſ	d	à8.ſ.	l 6 ſ	—
25 l valent	18 l 15 ſ	d	à9 ſ.	l 6 ſ	9
26 l valent	19 l 10 ſ	d	10.ſ.	l 7 ſ	6
27 l valent	20 l 5 ſ	d	11.ſ.	l 8 ſ	3
28 l valent	21 l — ſ	d	12.ſ.	l 9 ſ	—
29 l valent	21 l 15 ſ	d	13.ſ.	l 9 ſ	—
30 l valent	22 l 10 ſ	d	14.ſ.	l 10 ſ	6

a1 l valent	—	16 ſ 8 d	31	25 l	16 ſ 8
a2 l valent	1 l	13 ſ 4 d	32	26 l	13 ſ 4
a3 l valent	2 l	10 ſ— d	33	27 l	10 ſ—
a4 l valent	3 l	6 ſ 8 d	34	28 l	6 ſ 8
a5 l valent	4 l	3 ſ 4 d	35	29 l	3 ſ 4
a6 l valent	5 l	— ſ— d	36	30 l	— ſ—
a7 l v lent	5 l	16 ſ 8 d	37	30 l	16 ſ 8
a8 l v lent	6 l	13 ſ 4 d	38	31 l	13 ſ 4
a9 l v lent	7 l	10 ſ— d	39	32 l	10 ſ—
10 l valent	8 l	5 ſ 8 d	40	33 l	6 ſ 8
11 l valent	9 l	3 ſ 4 d	50	41 l	13 ſ 4
12 l valent	10 l	— ſ— d	60	50 l	— ſ—
13 l valent	10 l	16 ſ 8 d	70	58 l	6 ſ 8
14 l valent	11 l	13 ſ 4 d	80	66 l	13 ſ 4
15 l valent	12 l	10 ſ— d	90	75 l	| ſ—
16 l valent	13 l	6 ſ 8 d	100	83 l	6 ſ 8
17 l valent	14 l	3 ſ 4 d	a1.ſ. — l	— ſ 10
18 l valent	15 l	— ſ— p	a2.ſ. — l	⊢ſ 8
19 l valent	15 l	16 ſ 8 d	a3.ſ. — l	2 ſ 6
20 l valent	16 l	13 ſ 4 d	a4.ſ. — l	3 ſ 4
21 l valent	17 l	10 ſ— d	a5.ſ. — l	4 ſ 2
22 l valent	18 l	6 ſ 8 d	a6.ſi — l	5 ſ—
23 l valent	19 l	3 ſ 4 d	a7.ſ. — l	5 ſ10
24 l valent	20 l	— ſ— d	a8.ſ. — l	6 ſ 8
25 l valent	20 l	16 ſ 8 d	a9.ſ. — l	7 ſ 6
26 l valent	21 l	13 ſ 4 d	10.ſ. — l	8 ſ 4
27 l valent	22 l	10 ſ— d	11.ſ. — l	9 ſ 2
28 l valent	23 l	6 ſ 8 d	12.ſ. — l	10 ſ—
29 l valent	24 l	3 ſ 4 d	13.ſ. — l	10 ſ10
30 l valent	25 l	— ſ— d	14.ſ. — l	11 ſ 8

a1	va ent —	17	ſ 6	31	27	2	6
a2	valent 1	15	ſ — d	32	28	—	ſ —
a3	valent 2	12	ſ 6 d	33	28	17	ſ 6
a4	valent 3	10	ſ — d	34	29	15	ſ —
a5	valent 4	7	ſ 6 d	35	30	12	ſ 6
a6	valent 5	5	ſ — d	36	31	10	ſ —
a7	valent 6	2	ſ 6 d	37	32	7	ſ 6
a8	valent 7	—	ſ — d	38	33	5	ſ —
a9	valent 7	17	ſ 6 d	39	34	2	ſ 6
10	valent 8	5	ſ — d	40	35	—	ſ —
11	valent 9	12	ſ 6 d	50	43	15	ſ
12	valent 10	10	ſ — d	60	52	10	ſ
13	valent 11	7	ſ 6 d	70	61	5	ſ
14	valent 12	5	ſ — d	80	70	—	ſ
15	valent 13	2	ſ 6 d	100	87	10	ſ
16	valent 14	—	ſ — d	à1.ſ.—		—	ſ 10
17	valent 14	17	ſ 6 d	à2.ſ.—		1	ſ 9
28	valent 15	15	ſ — d	à3 ſ.—		2	ſ 7
19	valent 16	12	ſ 6 d	à4 ſ.—		3	ſ 6
20	valent 17	10	ſ — d	à5.ſ.—		4	ſ 4
21	valent 18	7	ſ 6 d	à6.ſ.—		5	ſ 3
22	valent 19	5	ſ — d	à7.ſ.—		6	ſ 1
23	valent 20	2	ſ 6 d	à8.ſ.—		7	ſ —
24	valent 21	—	ſ — d	à9.ſ.—		7	ſ 10
25	valent 1	17	ſ 6 d	10.ſ.—		8	ſ 9
26	valent 22	15	ſ — d	11.ſ.—		9	ſ 7
27	valent 23	12	ſ 6 d	12.ſ.—		10	ſ 6
28	valent 24	10	ſ — d	13.ſ.—		11	ſ 4
29	valent 25	7	ſ 6 d	14.ſ.—		12	ſ 3
30	valent 26	5	ſ — d	15.ſ.—		13	ſ 1

SVITE

SUITE DES FRACTIONS.

Les ſ. 24 de toute choſ. à 20.ſ. val. 4.ſ.2.d

	l	ſ	d		l	ſ	d
à 1 vaut	1	4 ſ	2 d	30	6 l	5 ſ	
à 2 valent	1	8 ſ	4 d	31	6 l	9 ſ	2
à 3 valent	1	12 ſ	6 d	32	6 l	13 ſ	4
à 4 valent	1	16 ſ	8 d	33	6 l	17 ſ	6
à 5 valent 1 l	0 ſ	10 d		34	7 l	1 ſ	8
à 6 valent 1 l	5 ſ		d	35	7 l	5 ſ	10
à 7 valent 1 l	9 ſ	2 d		36	7 l	10 ſ	0
à 8 valent 1 l	13 ſ	4 d		37	7 l	14 ſ	2
à 9 valent 1 l	17 ſ	6 d		38	7 l	18 ſ	4
10 valent 2 l	1 ſ	8 d		39	8 l	2 ſ	6
11 valent 2 l	5 ſ	10 d		40	8 l	6 ſ	8
12 valent 2 l	10 ſ	0 d		50	10 l	8 ſ	4
13 valent 2 l	14 ſ	2 d		60	11 l	10 ſ	0
14 valent 2 l	18 ſ	4 d		70	14 l	11 ſ	8
15 valent 3 l	2 ſ	6 d		80	16 l	13 ſ	4
16 valent 3 l	6 ſ	8 d		90	18 l	15 ſ	0
17 valent 3 l	10 ſ	10 d		100	20 l	16 ſ	8
18 valent 3 l	15 ſ	d		à 1 l	1	0 ſ	2
19 valent 3 l	19 ſ	2 d		à 2 ſ	1	0 ſ	4
20 valent 4 l	3 ſ	4 d		à 3 ſ	1	0 ſ	7
21 valent 4 l	7 ſ	6 d		à 4 ſ	1	0 ſ	9
22 valent 4 l	11 ſ	8 d		à 5 l	1	1 ſ	0
23 valent 4 l	15 ſ	10 d		à 6 ſ	1	1 ſ	2
24 valent 5 l	0 ſ	0 d		a 7 ſ	1	1 ſ	4
25 valent 5 l	4 ſ	2 d		à 8 ſ	1	1 ſ	7
26 valent 5 l	8 ſ	4 d		à 9 ſ	1	1 ſ	9
27 valent 5 l	12 ſ	6 d		à 10 ſ	1	2 ſ	1
28 valent 5 l	16 ſ	8 d		à 11 ſ	1	2 ſ	3
29 valent 6 l	0 ſ	10 d		à 12 ſ	1	2 ſ	6

L

	l	s	ſ	d			l	s	ſ	d
à 1 vaut		1	ſ	10		31	9		ſ	10
à 2 valent	1	11	ſ	8		32	9	6	ſ	8
à 3 valent	1	17	ſ	6		33	9	12	ſ	6
à 4 valent	1 l	3	ſ	4		34	9	18	ſ	4
à 5 valent	1 l	9	ſ	2		35	10	4	ſ	2
à 6 valent	1 l	15	ſ			36	10	10	ſ	
à 7 valent	2 l	0	ſ	10		37	10	15	ſ	10
à 8 valent	2 l	6	ſ	8		38	11	1	ſ	8
à 9 valent	2 l	12	ſ	6		39	11	7	ſ	6
à 10 valent	2 l	18	ſ	4		40	11	13	ſ	4
à 11 valent	3 l	4	ſ	2		50	14	11	ſ	8
à 12 valent	3 l	10	ſ			60	17	10	ſ	
à 13 valent	3 l	15	ſ	10		70	20	8	ſ	4
à 14 valent	4 l	1	ſ	8		80	23	6	ſ	8
à 15 valent	4 l	7	ſ	6		90	26	5	ſ	
à 16 valent	4 l	13	ſ	4		100	29	3	ſ	4
à 17 valent	4 l	19	ſ	2		à 1 ſ	1		ſ	3
à 18 valent	5 l	5	ſ			à 2 ſ	1		ſ	7
à 19 valent	5 l	10	ſ	10		à 3 ſ	1		ſ	10
à 20 valent	5 l	16	ſ	8		à 4 ſ	1	1	ſ	2
à 21 valent	6 l	2	ſ	6		à 5 ſ	1	1	ſ	5
à 22 valent	6 l	8	ſ	4		à 6 ſ	1	1	ſ	8
à 23 valent	6 l	14	ſ	2		à 7 ſ	1	2	ſ	
à 24 valent	7 l		ſ			à 8 ſ	1	2	ſ	4
à 25 valent	7 l	5	ſ	10		à 9 ſ	1	2	ſ	7
à 26 valent	7 l	11	ſ	8		à 10 ſ	1	2	ſ	11
à 27 valent	7 l	17	ſ	6		à 11 ſ	1	3	ſ	2
à 28 valent	8 l	3	ſ	4		à 12 ſ	1	3	ſ	5
à 29 valent	8 l	9	ſ	2		à 13 ſ	1	3	ſ	8
à 30 valent	8 l	15	ſ			à 14 ſ	1	4	ſ	

à 1 vaut	1	7 f	6 d	31	11 l 12 f	6
à 2 valent	1	15 f	d	32	12 l f	
à 3 valent	1 l	2 f	6 d	33	12 l 7 f	6
à 4 valent	1 l	10 f	d	34	12 l 15 f	
à 5 valent	1 l	17 f	6 d	35	13 l 2 f	6
à 6 valent	2 l	5 f	d	36	13 l 10 f	
à 7 valent	2 l	12 f	6 d	37	13 l 17 f	6
à 8 valent	3 l	f	d	38	14 l 5 f	
à 9 valent	3 l	7 f	6 d	39	14 l 12 f	6
10 valent	3 l	15 f	d	40	15 l f	
11 valent	4 l	2 f	6 d	50	18 l 15 f	
12 valent	4 l	10 f	d	60	22 l 10 f	
13 valent	4 l	17 f	6 d	70	26 l 5 f	
14 valent	5 l	5 f	d	80	30 l f	
15 valent	5 l	12 f	6 d	90	33 l 15 f	
16 valent	6 l	f	d	100	37 l 10 f	
17 valent	6 l	7 f	6 d	à 1 f	1 f	4
18 valent	6 l	15 f	d	à 2 f	1 f	9
19 valent	7 l	2 f	6 d	à 3 f	1 1 f	3
20 valent	7 l	10 f	d	à 4 f	1 1 f	6
21 valent	7 l	17 f	6 d	à 5 f	1 1 f	10
22 valent	8 l	5 f	d	à 6 f	1 2 f	2
23 valent	8 l	12 f	6 d	à 7 f	1 2 f	7
24 valent	9 l	f	d	à 8 f	1 3 f	
25 valent	9 l	7 f	6 d	à 9 f	1 3 f	4
26 valent	9 l	15 f	d	à 10 f	1 3 f	9
27 valent	10 l	2 f	6 d	à 11 f	1 4 f	1
28 valent	10 l	10 f	d	à 12 f	1 4 f	5
29 valent	10 l	17 f	6 d	à 13 f	1 4 f	9
30 valent	11 l	5 f	d	à 14 f	1 5 f	2

	l	f	d			l	f	d
à 1 valent		8 f	4 d		31	12 l	18 f	4
à 2 valent	1	16 f	8 d		32	13 l	16 f	8
à 3 valent	1 l	5 f	d		33	13 l	15 f	
à 4 valent	1 l	13 f	4 d		34	14 l	3 f	4
à 5 valent	2 l	1 f	8 d		35	14 l	11 f	8
à 6 valent	2 l	10 f	d		36	15 l	f	
à 7 valent	2 l	18 f	4 d		37	15 l	8 f	4
à 8 valent	3 l	6 f	8 d		38	15 l	16 f	8
à 9 valent	3 l	15 f	d		39	16 l	5 f	
10 valent	4 l	3 f	4 d		40	16 l	13 f	4
11 valent	4 l	11 f	8 d		50	20 l	16 f	8
12 valent	5 l	f	d		60	25 l	f	
13 valent	5 l	8 f	4 d		70	29 l	3 f	4
14 valent	5 l	16 f	8 d		80	33 l	6 f	8
15 valent	6 l	5 f	d		90	37 l	10 f	
16 valent	6 l	13 f	4 d		100	41 l	13 f	4
17 valent	7 l	1 f	8 d		à 1 f	l	f	5
18 valent	7 l	10 f	d		à 2 f	l	f	10
19 valent	7 l	18 f	4 d		à 3 f	l	1 f	3
20 valent	8 l	6 f	8 d		à 4 f	l	1 f	8
21 valent	8 l	15 f	d		à 5 f	l	2 f	1
22 valent	9 l	3 f	4 d		à 6 f	l	2 f	6
23 valent	9 l	11 f	8 d		à 7 f	l	2 f	11
24 valent	10 l	f	d		à 8 f	l	3 f	4
25 valent	10 l	8 f	4 d		à 9 f	l	3 f	9
26 valent	10 l	16 f	8 d		à 10 f	l	4 f	2
27 valent	11 l	5 f	d		à 11 f	l	4 f	7
28 valent	11 l	13 f	4 d		à 12 f	l	5 f	
29 valent	12 l	1 f	8 d		à 13 f	l	5 f	5
30 valent	12 l	10 f	d		à 14 f	l	5 f	10

à 1 vaut		9 ſ	2 d		31	14 l	4 ſ	2
à 2 valent		18 ſ	4 d		32	14 l	13 ſ	4
à 3 valent	1 l	7 ſ	6 d		33	15 l	2 ſ	6
à 4 valent	1 l	16 ſ	8 d		34	15 l	11 ſ	8
à 5 valent	2 l	5 ſ	10 d		35	16 l	ſ	10
à 6 valent	2 l	15 ſ	d		36	16 l	10 ſ	
à 7 valent	3 l	4 ſ	2 d		37	16 l	19 ſ	2
à 8 valent	3 l	13 ſ	4 d		38	17 l	8 ſ	4
à 9 valent	4 l	2 ſ	6 d		39	17 l	17 ſ	6
10 valent	4 l	11 ſ	8 d		40	18 l	6 ſ	8
11 valent	5 l	ſ	10 d		50	22 l	18 ſ	4
12 valent	5 l	10 ſ	d		60	27 l	10 ſ	
13 valent	5 l	19 ſ	2 d		70	32 l	1 ſ	8
14 valent	6 l	8 ſ	4 d		80	36 l	13 ſ	4
15 valent	6 l	17 ſ	6 d		90	41 l	5 ſ	
16 valent	7 l	6 ſ	8 d		100	45 l	16 ſ	8
17 valent	7 l	15 ſ	10 d		à 1 ſ		ſ	5
18 valent	8 l	5 ſ	d		à 2 ſ		ſ	11
19 valent	8 l	14 ſ	2 d		à 3 ſ		1 ſ	4
20 valent	9 l	3 ſ	4 d		à 4 ſ		1 ſ	10
21 valent	9 l	12 ſ	6 d		à 5 ſ		2 ſ	3
22 valent	10 l	1 ſ	8 d		à 6 ſ		2 ſ	8
23 valent	10 l	10 ſ	10 d		à 7 ſ		3 ſ	2
24 valent	11 l	ſ	d		à 8 ſ		3 ſ	8
25 valent	11 l	9 ſ	2 d		à 9 ſ		4 ſ	1
26 valent	11 l	13 ſ	4 d		10 ſ		4 ſ	7
27 valent	12 l	7 ſ	6 d		11 ſ		5 ſ	
28 valent	12 l	16 ſ	8 d		12 ſ		5 ſ	6
29 valent	13 l	5 ſ	10 d		13 ſ		5 ſ	10
30 valent	13 l	15 ſ	d		14 ſ		6 ſ	5

L 3

à 1 vaut	1	10 f	10d	31	16 l 15 f	10
à 2 valent	1 l	1 f	8d	32	17 l 6 f	8
à 3 val ne	1 l	12 f	6d	33	17 l 17 f	6
à 4 val. ne	2 l	3 f	4d	34	18 l 8 f	4
à 5 valent	2 l	14 f	2d	35	18 l 19 f	2
à 6 valent	3 l	5 f	d	36	19 l 10 f	
à 7 valent	3 l	15 f	10d	37	20 l f	10
à 8 valent	4 l	6 f	8d	38	20 l 11 f	8
à 9 valent	4 l	17 f	6d	39	21 l 2 f	6
10 valent	5 l	8 f	4d	40	21 l 13 f	4
11 valent	5 l	19 f	2d	50	27 l 1 f	8
12 valent	6 l	10 f	d	60	32 l 10 f	
13 valent	7 l	f	10d	70	37 l 18 f	4
14 valent	7 l	11 f	8d	80	43 l 6 f	8
15 valent	8 l	2 f	6d	90	48 l 15 f	
16 valent	8 l	13 f	4d	100	54 l 3 f	4
17 valent	9 l	4 f	2d	à 1 f	l f	6
18 valent	9 l	15 f	d	à 2 f	l 1 f	1
19 valent	10 l	5 f	10d	à 3 f	l 1 f	7
20 valent	10 l	16 f	8d	à 4 f	l 2 f	2
21 valent	11 l	7 f	6d	à 5 f	l 2 f	8
22 valent	11 l	18 f	4d	à 6 f	l 3 f	2
23 valent	12 l	9 f	2d	à 7 f	l 3 f	9
24 valent	13 l	f	d	à 8 f	l 4 f	4
25 valent	13 l	10 f	10d	à 9 f	l 4 f	10
26 valent	14 l	1 f	8d	à 10 f	l 5 f	5
27 valent	14 l	12 f	6d	à 11 f	l 5 f	11
28 valent	15 l	3 f	4d	à 12 f	l 6 f	6
29 valent	15 l	14 f	2d	à 13 f	l 7 f	
30 valent	16 l	5 f	d	à 14 f	l 7 f	7

	l	ſ	d			l	ſ	
à 1 valent		11	8		31	18	1	8
à 2 valent	1	3	4		32	18	13	4
à 3 valent	1	15			33	19	5	
à 4 valent	2	6	8		34	19	16	8
à 5 valent	2	18	4		35	20	8	4
à 6 valent	3	10			36	21		
à 7 valent	4	1	8		37	21	11	8
à 8 valent	4	13	4		38	22	3	4
à 9 valent	5	5			39	22	15	
10 valent	5	16	8		40	23	6	8
11 valent	6	8	4		50	29	3	4
12 valent	7				60	35		
13 valent	7	11	8		70	40	16	8
14 valent	8	3	4		80	46	13	4
15 valent	8	15			90	52	10	
16 valent	9	6	8		100	58	6	8
17 valent	9	18	4		à 1			7
18 valent	10	10			à 2		1	2
19 valent	11	1	8		à 3		1	9
20 valent	11	13	4		à 4		2	4
21 valent	12	5			à 5		2	11
22 valent	12	16	8		à 6		3	6
23 valent	13	8	4		à 7		4	1
24 valent	14				à 8		4	8
25 valent	14	11	8		à 9		5	3
26 valent	15	3	4		à 10		5	10
27 valent	15	15			à 11		6	5
28 valent	16	6	8		à 12		7	
29 valent	16	18	4		à 13		7	7
30 valent	17	10			à 14		8	2

à 1 vaut		12	f	6d	31	19 l	7	f	6
à 2 valent	1 l	5	f	d	32	20 l		f	
à 3 valent	1 l	17	f	6d	33	20 l	12	f	6
à 4 valent	2 l	10	f	d	34	21 l	5		
à 5 valent	3 l	2	f	6d	35	21 l	17	f	6
à 6 valent	3 l	15	f	d	36	22 l	10	f	
à 7 valent	4 l	7	f	6d	37	23 l	2	f	6
à 8 valent	5 l		f	d	38	23 l	15	f	
à 9 valent	5 l	12	f	6d	39	24 l	7	f	6
10 valent	6 l	5	f	d	40	25 l		f	
11 valent	6 l	17	f	6d	50	31 l	5	f	
12 valent	7 l	10	f	d	60	37 l	10	f	
13 valent	8 l	2	f	6d	70	43 l	15	f	
14 valent	8 l	15	f	d	80	50 l		f	
15 valent	9 l	7	f	6d	90	56 l	5	f	
16 valent	10 l		f	d	100	62 l	10	f	
17 valent	10 l	12	f	6d	à 1	f	l	f	7
18 valent	11 l	5	f	d	à 2	f	l	1 f	3
19 valent	11 l	17	f	6d	à 3	f	l	1 f	10
20 valent	12 l	10	f	d	à 4	f	l	2 f	6
21 valent	13 l	2	f	6d	à 5	f	l	3 f	1
22 valent	13 l	15	f	d	à 6	f	l	3 f	8
23 valent	14 l	7	f	6d	à 7	f	l	4 f	4
24 valent	15 l		f	d	à 8	f	l	5 f	
25 valent	15 l	12	f	6d	à 9	f	l	5 f	7
26 valent	16 l	5	f	d	à 10	f	l	6 f	3
27 valent	16 l	17	f	6d	à 11	f	l	6 f	10
28 valent	17 l	10	f	d	à 12	f	l	7 f	5
29 valent	18 l	2	f	6d	à 13	f	l	8 f	
30 valent	18 l	15	f	d	à 14	f	l	8 f	8

à 1 vaut	14 f	2 d		31	21 l 19 f	2
à 2 valent	1 l 8 f	4 d		32	22 l 13 f	4
à 3 valent	2 l 2 f	6 d		33	23 l 7 f	6
à 4 valent	2 l 16 f	8 d		34	24 l 1 f	8
à 5 valent	3 l 10 f	10 d		35	24 l 15 f	10
à 6 valent	4 l 5 f	d		36	25 l 10 f	
à 7 valent	4 l 19 f	2 d		37	26 l 4 f	2
à 8 valent	5 l 13 f	4 d		38	26 l 18 f	4
à 9 valent	6 l 7 f	6 d		39	27 l 12 f	6
10 valent	7 l 1 f	8 d		40	28 l 6 f	8
11 valent	7 l 15 f	10 d		50	35 l 8 f	4
12 valent	8 l 10 f	d		60	42 l 10 f	
13 valent	9 l 4 f	2 d		70	49 l 11 f	8
14 valent	9 l 18 f	4 d		80	56 l 13 f	4
15 valent	10 l 12 f	6 d		90	63 l 15 f	
16 valent	11 l 6 f	8 d		100	70 l 16 f	8
17 valent	12 l f	10 d		à 1 f	f	8
18 valent	12 l 15 f	d		à 2 f	1 f	5
19 valent	13 l 9 f	2 d		à 3 f	2 f	1
20 valent	14 l 3 f	4 d		à 4 f	2 f	10
21 valent	14 l 17 f	6 d		à 5 f	3 f	6
22 valent	15 l 11 f	8 d		à 6 f	4 f	2
23 valent	16 l 5 f	10 d		à 7 f	4 f	11
24 valent	17 l f	d		à 8 f	5 f	8
25 valent	17 l 14 f	2 d		à 9 f	6 f	4
26 valent	18 l 8 f	4 d		10 f	7 f	1
27 valent	19 l 2 f	6 d		11 f	7 f	9
28 valent	19 l 16 f	8 d		12 f	8 f	5
29 valent	20 l 10 f	10 d		13 f	9 f	1
30 valent	21 l 5 f	d		14 f	9 f	10

	l	f	d			l	f	d
à1 vaut	1	15	10	31	24	10		10
à2 valent	1	11	8	32	25	1	6	8
à3 valent	2	7	6	33	26	1	2	6
à4 valent	3	3	4	34	26	18		4
à5 valent	3	19	2	35	27	14		2
à6 valent	4	15		36	28	10		
à7 valent	5	10	10	37	29	1	5	10
à8 valent	6	6	8	38	30	1	1	8
à9 valent	7	2	6	39	30	17		6
10 valent	7	18	4	40	31	13		4
11 valent	8	14	2	50	39	11		8
12 valent	9	10		60	47	10		
13 valent	10	5	10	70	55	1	8	4
14 valent	11	1	8	80	63	1	6	8
15 valent	11	17	6	90	71	1	5	
16 valent	12	13	4	100	79	1	3	4
17 valent	13	9	2	à1 f		1		9
18 valent	14	5		à2 f		1	1	7
19 valent	15		10	à3 f		1	2	4
20 valent	15	16	8	à4 f		1	3	2
21 valent	16	12	6	à5 f		1	3	11
22 valent	17	8	4	à6 f		1	4	8
23 valent	18	4	2	à7 f		1	5	6
24 valent	19			à8 f		1	6	4
25 valent	19	15	10	à9 f		1	7	1
26 valent	20	11	8	10 f		1	7	11
27 valent	21	7	6	11 f		1	8	8
28 valent	22	3	4	12 f		1	9	5
29 valent	22	19	2	13 f		1	10	2
30 valent	23	15		14 f		1	11	

à1 vaut		18 ſ	4 d	31	28 l	8 ſ	4		
à2 valent	1 l	16 ſ	8 d	32	29 l	6 ſ	8		
à3 valent	2 l	15 ſ	d	33	30 l	5 ſ			
à4 valent	3 l	13 ſ	4 d	34	31 l	3 ſ	4		
à5 valent	4 l	11 ſ	8 d	35	32 l	1 ſ	8		
à6 valent	5 l	10 ſ	d	36	33 l				
à7 valent	6 l	8 ſ	4 d	37	33 l	18 ſ	4		
à8 valent	7 l	6 ſ	8 d	38	34 l	16 ſ	8		
à9 valent	8 l	5 ſ	d	39	35 l	15 ſ			
10 valent	9 l	3 ſ	4 d	40	36 l	13 ſ	4		
11 valent	10 l	1 ſ	8 d	50	45 l	16 ſ	8		
12 valent	11 l	ſ	d	60	55 l	ſ			
13 valent	11 l	18 ſ	4 d	70	64 l	3 ſ	4		
14 valent	12 l	16 ſ	8 d	80	73 l	6 ſ	8		
15 valent	13 l	15 ſ	d	90	82 l	10 ſ			
16 valent	14 l	13 ſ	4 d	100	91 l	13 ſ	4		
17 valent	15 l	11 ſ	8 d	à1 ſ	l	ſ	11		
18 valent	16 l	10 ſ	d	à2 ſ	l	1 ſ	10		
19 valent	17 l	8 ſ	4 d	à3 ſ	l	2 ſ	9		
20 valent	18 l	6 ſ	8 d	à4 ſ	l	3 ſ	8		
21 valent	19 l	5 ſ	d	à5 ſ	l	4 ſ	7		
22 valent	20 l	3 ſ	4 d	à6 ſ	l	5 ſ	6		
23 valent	21 l	1 ſ	8 d	à7 ſ	l	6 ſ	5		
24 valent	22 l	ſ	d	à8 ſ	l	7 ſ	4		
25 valent	22 l	18 ſ	4 d	à9 ſ	l	8 ſ	3		
26 valent	23 l	16 ſ	8 d	10 ſ	l	9 ſ	2		
27 valent	24 l	15 ſ	d	11 ſ	l	10 ſ	1		
28 valent	25 l	13 ſ	4 d	12 ſ	l	11 ſ			
29 valent	26 l	11 ſ	8 d	13 ſ	l	11 ſ	11		
30 valent	27 l	10 ſ	d	14 ſ	l	12 ſ	10		

à 1 vaut	1	19ſ	2 d		31	29	14ſ	2
à 2 valent	1	18ſ	4 d		3.	30	13ſ	4
à 3 valent	2	17ſ	6 d		33	31	12ſ	6
à 4 valent	3	16ſ	8 d		34	32	11ſ	8
à 5 valent	4	15ſ	10 d		35	33	10ſ	10
à 6 valent	5	13ſ	d		36	34	10ſ	
à 7 valent	6	14ſ	2 d		37	35	9ſ	2
à 8 valent	7	13ſ	4 d		38	36	8ſ	4
à 9 valent	8	12ſ	6 d		39	37	7ſ	6
10 valent	9	11ſ	8 d		40	38	6ſ	8
11 vaient	10	10ſ	10 d		50	47	18ſ	4
12 valent	11	10ſ	d		60	57	10ſ	
13 valent	12	9ſ	2 d		70	67	1ſ	8
14 valent	13	8ſ	4 d		80	76	13ſ	4
15 valent	14	7ſ	6 d		90	86	5ſ	
16 valent	15	6ſ	8 d		100	95	16ſ	8
17 valent	16	5ſ	10 d		à 1 ſ			ſ 11
18 valent	17	5ſ	d		à 2 ſ		1	ſ 11
19 valent	18	4ſ	2 d		à 3 ſ		2	ſ 10
20 valent	19	3ſ	4 d		à 4 ſ		3	ſ 10
21 valent	20	2ſ	6 d		à 5 ſ		4	ſ 9
22 valent	21	1ſ	8 d		à 6 ſ		5	ſ 9
23 valent	22	ſ	10 d		à 7 ſ		6	ſ 8
24 valent	23	ſ	d		à 8 ſ		7	ſ 8
25 valent	23	19ſ	2 d		à 9 ſ		8	ſ 7
26 valent	24	18ſ	4 d		10 ſ		9	ſ 7
27 valent	25	17ſ	6 d		11 ſ		10	ſ 6
28 valent	26	16ſ	8 d		12 ſ		11	ſ 6
29 valent	27	15ſ	10 c		13 ſ		12	ſ 5
30 valent	28	15ſ	d		14ſ		13	ſ 5

www.ingramcontent.com/pod-product-compliance
Lightning Source LLC
Chambersburg PA
CBHW062008200326

41519CB00017B/4718